Christiane Kisling-Schwan

111 Orte für Kinder in und um Tübingen, die man gesehen haben muss

111

emons:

Für Stephan, Philipp und Theresa

Bibliografische Information der Deutschen Nationalbibliothek
Die Deutsche Nationalbibliothek verzeichnet diese Publikation in der Deutschen Nationalbibliografie; detaillierte bibliografische Daten sind im Internet über http://dnb.d-nb.de abrufbar.

MIX
Papier | Fördert gute Waldnutzung
FSC® C083411

Gestaltung: Editorial Design & Artdirection, Conny Laue, Bochum, nach einem Konzept von Lübbeke | Naumann | Thoben und Nina Schäfer
Kartografie: altancicek.design, www.altancicek.de
Kartenbasisinformationen aus Openstreetmap,

Druck und Bindung: CPI – Clausen & Bosse, Leck
Printed in Germany 2022
ISBN 978-3-7408-1405-2

VORWORT

Es gibt sie tatsächlich – und zwar jede Menge davon! In und um die junge, traditionsreiche Universitätsstadt Tübingen warten stolze 222 Kinderorte und Tipps darauf, entdeckt und besucht zu werden. Mit Langeweile ist jetzt Schluss, für Abwechslung ist gesorgt. Tübingen und seine Umgebung wurden auf der Suche nach lohnenswerten, spannenden, unbekannten und skurrilen Kinderlieblingsorten mit viel Herzblut unter die Lupe genommen. Das Ergebnis ist ein Mix aus Spiel, Spaß und Sport, Kinderkulinarischem, Tier- und Naturerlebnissen, kombiniert mit ein bisschen Geschichte und Wissenswertem.

Da ist für jeden Geschmack etwas dabei. Mal sind es Orte, die man im Vorübergehen in Augenschein nimmt, mal taugen sie für einen längeren Familienausflug. Mal kommen die Jüngsten zum Zug, mal die Älteren, mal bekommen alle etwas geboten – Urtübinger genauso wie Neutübinger Familien oder Ausflügler. Denn gemeinsame Unternehmungen speichern sich im Familiengedächtnis ab – nach dem Motto: Weißt du noch …? Außerdem ist es einfach schön, Neues in seiner vertrauten Umgebung zu entdecken. Warum nicht den Spielplatz im Nachbarviertel ausprobieren? Für all das bietet dieses Buch begeisternde Inspirationen. Denn das kann ich aus Erfahrung sagen: Man sieht und findet (meist) nur das, was man weiß!

In diese 111 Orte für Kinder fließen viele Entdeckungen von Kindern ein, die in Projekten des Stadtmuseums Tübingen mit mir ihre Stadt erkundet haben. Dafür bin ich dankbar, denn so haben sie bereits den kritischen Kinder-TÜV durchlaufen und sind für prima befunden worden. So, liebe Kinder, liebe Eltern, liebe Omas und Opas, lasst euch ein auf neue Orte und Abenteuer direkt vor eurer Haustür! Viel Vergnügen!

Aus Gründen der besseren Lesbarkeit wird im Text auf die gleichzeitige Verwendung von weiblichen und männlichen Sprachformen verzichtet. Selbstverständlich gelten sämtliche Personenbeschreibungen für alle Geschlechter.

111 ORTE

1 Der Saurucken | Ammerbuch-Entringen
Ein Klassiker, der immer geht | 10

2 Der Lebenshof Tierlieben | Ammerbuch-Pfäffingen
Ein Platz für Tiere | 12

3 Der Flugplatz | Ammerbuch-Poltringen
Dem Himmel ganz nah | 14

4 Das Wasserschloss | Ammerbuch-Poltringen
Kleine Idylle mit Furt und Lamas | 16

5 Der Picknickplatz am Kochhartgraben | Ammerbuch-Reusten
Canyon-Feeling | 18

6 Der Kastanienhof | Bodelshausen
Aprikose mag Karotte | 20

7 Das Bädle | Dettenhausen
Wo sich Schnatterrike treiben lässt | 22

8 Das Café Mieze | Dettenhausen
Schleck's weg | 24

9 Der Kinderbauernhof | Gomaringen
Kuscheln mit Zebus | 26

10 Der häppy Schaukelweg | Hechingen
Mal richtig abheben | 28

11 Der Märchenpfad | Hechingen
Knusper, knusper, knäuschen … | 30

12 Der Schönbuchturm | Herrenberg
Der Schwindeltest | 32

13 Der Holz.Weg | Holzgerlingen
Waldbadewanne inklusive | 34

14 Die keltische Viereckschanze | Kirchentellinsfurt-Einsiedel
Rätsel im Wald | 36

15 Der Burgholzteich | Kusterdingen-Wankheim
Für kleine Robinsons | 38

16 Das Landgut Kemmler | Kusterdingen-Wankheim
Schlepper treten und Kälbchen gucken | 40

17 Das Streuobst-Infozentrum | Mössingen
Im Land der Äpfel und Birnen | 42

18 Der Barfuß- und Sinnespfad | Mössingen-Bad Sebastiansweiler
Über Stock und Stein | 44

19 Das Weihnachtshaus | Mössingen-Talheim
Im funkelnden Winterwunderland | 46

20 Das Vogelschutzzentrum | Mössingen-Ziegelhütte
Verstehst du Meisisch? Oder Käuzisch? | 48

21 Das Kirschenfeld | Nehren
Fotoshooting im Blütenmeer | 50

22 Das Maislabyrinth | Neustetten-Wolfenhausen
Irrungen und Wirrungen | 52

23 Das FBI Diner | Rottenburg am Neckar
Stärkung nicht nur für kleine Agenten | 54

24 Die Gruft | Rottenburg am Neckar
Irmhild und Grimwolf auf der Spur | 56

25 Die KunstGasse | Rottenburg am Neckar
Farbenpracht aus Ei und Purpurschnecken | 58

26 Das Old Hamburg | Rottenburg am Neckar
Schiff ahoi in Schwaben | 60

27 Das Römische Stadtmuseum | Rottenburg am Neckar
32 Meter Klositze | 62

28 Die Alpakawelt | Rottenburg-Eckenweiler
Die Teddys unter den Kamelen | 64

29 Die Eisrutsche | Rottenburg-Weiler
Bitte klingeln! | 66

30 Der Märchensee | Rottenburg-Wendelsheim
Über Nacht war er da | 68

31 Der 3 in One Bewegungspark | Tübingen
Action unter der Brücke | 70

32 al farbrica | Tübingen
Wer hat von meinem Tellerchen gegessen? | 72

33 Alte Kulturen im Schloss | Tübingen
Nachts im Museum | 74

34 Am Ammerzonas | Tübingen
Mehr als nur nasse Füße | 76

35 Bei den Römergräbern | Tübingen
Spielen und buddeln auf Gräbern? | 78

36 Die Biber im Ammertal | Tübingen
Wo sich Meister Bockert niederließ | 80

37 Der Botanische Garten | Tübingen
Dschungel-Feeling mit Wasserspielen | 82

38 Das Boxenstop Museum | Tübingen
Krokodil, Weiße Maus und Käfer geben Gas | 84

39 __ Das Coyote Cafe | Tübingen
Zugeinfahrt mit Burger | 86

40 __ Die Dirt-Bike-Line | Tübingen
Sprünge und Wellen Marke Eigenbau | 88

41 __ Dr. Acula | Tübingen
Blutsauger mitten unter uns | 90

42 __ Die Energie-Erlebnis-Dusche | Tübingen
Jedes Grad zählt | 92

43 __ Das Entenrennen | Tübingen
Wer hat den Schnabel vorn? | 94

44 __ Der Erdbeergarten | Tübingen
Für kleine und große Naschkatzen | 96

45 __ Das Fantasy Empire | Tübingen
Spider-Man erwartet dich | 98

46 __ Der Fotofix-Automat | Tübingen
Viermal Grimassen schneiden, bitte! | 100

47 __ Die Graffiti | Tübingen
Ist das Kunst, oder kann das weg? | 102

48 __ Die Gruselunterführung | Tübingen
120 Meter Adrenalinkick | 104

49 __ Das Junge LTT | Tübingen
Auf die Bretter, Kinder, los! | 106

50 __ Das Kastanienrondell | Tübingen
Schatzsuche im Laub | 108

51 __ Die Katzenlinie | Tübingen
Sitzende Sightseeingtour durch Tübingen | 110

52 __ Die Kinder-Uni | Tübingen
Kinder, erobert den Hörsaal! | 112

53 __ Die Kunsthalle für Kids | Tübingen
Die Welt mit Künstleraugen sehen | 114

54 __ Die Kunst-Kummerkästen | Tübingen
Klappe auf | 116

55 __ La Dolce Vita | Tübingen
Mickey Maus, Banana Joe oder Spaghettieis? | 118

56 __ Das Lese-Haus | Tübingen
Kamishibai-Kino für Kleine | 120

57 __ Der Lesethron | Tübingen
Schmökern in luftiger Höhe | 122

58 __ Lorinetta und Lorettino | Tübingen
Zweites Glück für Kindersachen | 124

59 Die Mitmachwerkstatt | Tübingen
Der Herr der Ringe | 126

60 moreJOE | Tübingen
Ein Tütchen Samstagssüßigkeiten | 128

61 Die Mosterei Gugel | Tübingen
Seinen eigenen Saft trinken | 130

62 Die Museumsvilla | Tübingen
Und ein verwunschener Garten zum Kreativsein | 132

63 Der Natursteinpark Rongen | Tübingen
Steinzeit mitten in Tübingen | 134

64 Die olympischen Ringe | Tübingen
Ein Platz fürs Siegerfoto | 136

65 Der Österberg | Tübingen
Der Multijahreszeitenhügel | 138

66 Die Paläontologische Sammlung | Tübingen
Zeitreise zu den Dinos | 140

67 Die Panzerhalle | Tübingen
Spielen, wo früher Panzer repariert wurden | 142

68 Die Pfaue | Tübingen
Wer schlägt das schönste Rad? | 144

69 Die Puppenbühne | Tübingen
Rambazamba auf der Bühne | 146

70 Die Schlittenwiese | Tübingen
Samstags sogar mit Schlittenlift | 148

71 Der Spielplatz im Zwinger | Tübingen
Wasser marsch! | 150

72 Der Spielzeugladen | Tübingen
Lenkdrachen und Blutkapseln | 152

73 Das Stadtmuseum | Tübingen
Die Abenteuer des Prinzen Achmed | 154

74 Der Steinenbergturm | Tübingen
Für den besonderen Kick | 156

75 Die Steinlachallee | Tübingen
Wo sich Reiher und Eisvogel ein Stelldichein geben | 158

76 Die Sternwarte | Tübingen
Auf dem Mond spazieren | 160

77 Die Stocherkähne | Tübingen
Mit Käpt'n Spätzle auf Schatzsuche | 162

78 Die Tarzanschaukel | Tübingen
Urwald-Feeling im Französischen Viertel | 164

79 Die Treppen-Challenge | Tübingen
Wie viele Stufen zählst du? | 166

80 Die Verschenkekisten | Tübingen
Umsonst zu neuen Spielsachen | 168

81 Von klein AUF | Tübingen
Wohnzimmertheater für die Allerkleinsten | 170

82 Der Walzenspieli | Tübingen
Baustelle betreten erwünscht | 172

83 Der Waschpark B 27 | Tübingen
Nervenkitzel in der Autowaschanlage | 174

84 Der Wasserfall | Tübingen
Abenteuerlich versteckt | 176

85 Das Werkstadthaus | Tübingen
Kreativ- und Partyzone für Kids | 178

86 Der Zirkus Zambaioni | Tübingen
Manege frei für … | 180

87 Die Zoologische Sammlung | Tübingen
Auge in Auge mit Luchs und Fuchs | 182

88 Das Jagdschloss | Tübingen-Bebenhausen
Küche, Klo und Klavier | 184

89 Das Kloster | Tübingen-Bebenhausen
Leben wie ein Mönch | 186

90 Der Olgahain | Tübingen-Bebenhausen
Auf den Spuren einer echten Königin wandeln | 188

91 Die Kinder- und Jugendfarm | Tübingen-Derendingen
Achtung, elternfreie Zone! | 190

92 Der Minipumptrack | Tübingen-Derendingen
Wo sich die Kleinen ganz groß fühlen | 192

93 Das Radio Wüste Welle | Tübingen-Derendingen
Mach deine eigene Sendung! | 194

94 Der Baggersee | Tübingen-Hirschau
Pack die Badehose ein | 196

95 PUSTEFIX | Tübingen-Kilchberg
It's bubble time! | 198

96 Die Ritter | Tübingen-Kilchberg
Coole Jungs von gestern | 200

97 Der Beachpoint | Tübingen-Lustnau
Stand-up-Paddling im Neckar | 202

98 Der Biobauernhof Berghof | Tübingen-Lustnau
Hier darf geackert werden | 204

99 Der Bremer-Stadtmusikanten-Brunnen | Tübingen-Lustnau
Ein Schulbrunnen, der Hoffnung macht | 206

100 Die Kinderwildnis | Tübingen-Lustnau
Toben ohne Vorgaben | 208

101 Der Ordinary Man | Tübingen-Lustnau
Wo kommt der denn her? | 210

102 Der Stadtteilbauernhof | Tübingen-Lustnau
Momo, Molly und das Huhn Agathe | 212

103 Das Waldsparkässle | Tübingen-Lustnau
Einen Schatz zu mehren, nicht zu leeren | 214

104 Das Zeeb-Haus | Tübingen-Unterjesingen
Stube, Kammer und Plumpsklo | 216

105 Die Hobbywerkstatt | Tübingen-Waldhausen
Das Wünsch-ich-mir-Fenster | 218

106 Der Scheunenfund | Tübingen-Weilheim
Bananensattel und Fuchsschwanz | 220

107 Die SchokoWerkstatt | Waldenbuch
Kleine Chocolatiers am Werk | 222

108 Die Falknerei Garuda | Weil im Schönbuch
Baldur auf dem Handschuh | 224

109 Der Kamelhof | Weil im Schönbuch
Trampeltierkarawane im Anmarsch | 226

110 Die OaseWeil | Weil im Schönbuch
Schlummern im Baumhaus | 228

111 Der Rotwilderlebnispfad | Weil im Schönbuch
Der Hirsch ist nicht der Mann vom Reh | 230

1_DER SAURUCKEN

Ein Klassiker, der immer geht

Wahrscheinlich war schon jedes Tübinger Kind einmal dort. Als Geheimtipp dürfte dieser Kinderort also nicht gerade gelten. Aber er ist unschlagbar, wenn man einen tollen Nachmittag verbringen möchte, denn man kann dort Tiere beobachten, spielen und grillen – alles, was das Kinderherz höher schlagen lässt.

Fangen wir mal mit den Tieren an: Es gibt Schaugehege für Wildschweine, Mufflons und Hirsche. Entzückend, wenn die kleinen gestreiften Frischlinge im Frühjahr die Welt entdecken und die Rüsselbande im Gehege tobt. Und die männlichen Mufflons beeindrucken schwer mit ihren spiralförmig nach hinten gebogenen Hornschnecken. Eingeführt wurden die Mufflons, die ihren Ursprung auf Korsika und Sardinien haben, in Deutschland um 1900 als Jagdwild. »Muffel« bedeutet übrigens in der Jägersprache so viel wie »kurze Schnauze«. Und natürlich darf der König der Wälder – der Hirsch – auch nicht fehlen.

Holzburg, Kletterturm und Kletterspinne, Schaukeln, Seilbahn, Hochwippe und Rutsche laden zum Spielen und Herumtoben ein. Es gibt sogar mehrere Feuerstellen zum Würstchengrillen. Außerdem findet man hier tolle Schluchten zum Klettern und Räuber-und-Gendarm-Spielen. Für Kindergeburtstage oder die Wanderung am 1. Mai eine super Location! Wer es lieber etwas ruhiger möchte, sollte sich aber besser unter der Woche auf zum Saurucken machen.

Adresse Wildgehege Saurucken, 72119 Ammerbuch-Entringen // **Anfahrt** B 296 bis Entringen, am Ortseingang rechts in den Herdweg einbiegen und der Beschilderung Wildgehege/Sportplatz folgen, kostenfreie Parkmöglichkeiten am Wanderparkplatz Saurucken, danach ca. 13 Minuten Fußweg // **Öffnungszeiten** immer zugänglich; barrierefrei // ab 3 Jahre

TIPP: Eine erfrischende Abkühlung bietet das Entringer Freibad mit Kleinkind-, Nichtschwimmer- und Schwimmerbecken sowie einem großen Spielbereich und einer herrlichen Liegewiese unter Obstbäumen.

2_DER LEBENSHOF TIERLIEBEN

Ein Platz für Tiere

Von wegen hier sieht es aus wie Sau! Die beiden Wollschweine Frieda und Schweinchen sind die saubersten Tiere auf dem zwei Hektar großen Gelände des Lebenshofs. Ihre Schlafhütte ist picobello, ihre Klo-Ecke liegt weit entfernt auf dem Außengehege. Dort sieht es dann allerdings schon so aus, wie man sich das vorstellt.

Schweine sind sehr klug. Frieda und Schweinchen können »Sitz« machen, und die kleinen Kunekune-Schweine Rosa und Frederick lassen sich an der Leine über den Hof führen. Kunekune bedeutet auf Maori so viel wie »fett und rund«, was sie ganz gut beschreibt. Nutztiere haben es schwerer als Hund oder Katze, unser Mitgefühl zu wecken. Das möchte Gitta Haas ändern. Auf ihrem Lebenshof stehen Nutztiere im Vordergrund: Schweine, Schafe, Ziegen, Zebu-Rinder oder Hühner, die ausgedient haben und niemand mehr wollte. Hier wird Kontakt und Umgang mit ihnen ermöglicht und über sie aufgeklärt.

Im »Offenen Betrieb« treffen sich Kinder und Jugendliche an der Feuerstelle und besprechen, was ansteht. Wer möchte ausmisten, eine kleine Schafwanderung machen oder am Hüttenbau weiterwerkeln? Mal wird gemeinsam geackert, mal werden in der Außenküche Brennnesselchips kreiert, mal wird mit Farbe, Ton oder Wolle gearbeitet, und manchmal dient die große Jurte als Wetterschutz und Rückzugsort. An den regelmäßigen Ferienprogrammen können alle Kinder teilnehmen. Spenden sind willkommen. Wer mehr geben kann, zeigt sich solidarisch und spendet einfach mehr. Wie schön!

TIPP: Kleine oder größere Radtour gefällig? Nicht weit vom Lebenshof Tierlieben entfernt führt der Ammertalradweg vorbei, auf dem man von Tübingen bis nach Herrenberg radeln kann. Mit der Ammertalbahn kommt man auch wieder bequem nach Hause.

Adresse Auf dem Lichtenberg, 72119 Ammerbuch-Pfäffingen, www.tierlieben.com // Anfahrt B 296 bis Pfäffingen, Lange Gasse bis zur Dorfstraße, rechts einbiegen, über Biegenstraße bis zur Kreuzung Achalmstraße/Biegenmühle, dort parken, dann der Beschilderung folgen // Öffnungszeiten Offener Betrieb: Sommerzeit Mi 14–18 Uhr, Winterzeit Mi 14–17 Uhr, jeden 2. Sa im Monat 10–15 Uhr; »Offenes Tor für alle« je ein So im Monat; Anmeldung per E-Mail unter anmeldung@lebenshof-tierlieben.de // ab Einschulung

3_DER FLUGPLATZ

Dem Himmel ganz nah

In atemberaubender Lage können flugbegeisterte Planespotter hautnah Motor- und Segelflugzeuge beim Starten und Landen beobachten. Sechs Motorflugzeuge von einer Aquila über eine Piper Archer bis hin zu einer Cessna sowie 17 Segelflugzeuge – das älteste, eine Ka 6, ist 65 Jahre alt – und ein Reisemotorsegler warten in den Flughallen auf ihren Einsatz und auf kleine Bewunderer.

Absolut spannend ist der Start von Segelflugzeugen, die mit einer fast 1.000 Meter langen Seilwinde in die Lüfte gezogen werden. Ein Teamsport, für den es Piloten, Flächenhalter, Startkommandogeber, Windenfahrer, Rückholwagenfahrer sowie Fluglenker braucht. Dann folgt ein Formel-1-Start – in 3 Sekunden auf 100 Kilometer pro Stunde! Eltern werden vielleicht etwas nervös, wenn sie erfahren, dass man Segelfliegen bereits ab 14 Jahre erlernen darf. Aber das Gefühl, lautlos durch die Luft zu gleiten, ist unvergleichlich.

Aus der Vogelschau sieht die Welt wie eine Miniaturlandschaft aus. Fällt die Thermik gegen Abend zusammen, muss ans Landen gedacht werden. Schafft man es nicht mehr bis zum Flugplatz, macht man sich bereit für eine Außenlandung – keine Notlandung! – auf einem passenden Feld. Wer als Gast mitfliegen möchte, kann vor Ort anfragen. Beim Segelflug kann nur eine Person mitfliegen, da sollte das Kind schon neun Jahre alt sein, beim Motorflug darf man sogar zu dritt einsteigen. Und wenn nichts am Himmel kreist, können sich die Kinder auf dem großen Spiel- und Grillplatz vergnügen.

TIPP: Wie wäre es mit einer Eseltour durch den Schönbuch? Dabei können Kinder Momo und Miss Marple als neugierige und ausgeglichene Wandergefährten erleben (Anfragen bei Elke Seyboldt unter Tel. 0163/1350564 oder per E-Mail an eseltourenmomo@web.de).

Adresse Hartegert 1, 72119 Ammerbuch-Poltringen, www.fsv-ammerbuch.de // **ÖPNV** Regionalbahn 63 bis Bahnhof Pfäffingen, dann Bus 792 bis Rathaus Poltringen, von dort ca. 18 Minuten Fußweg, der Beschilderung Richtung Flugplatz folgen // **Öffnungszeiten** immer zugänglich, Regelflugbetrieb Mi ab 13 Uhr, Sa ab 12.30 Uhr, So ab 9 Uhr; Motorflug ganzjährig, Segelflug ca. März–Okt.; Anfragen zu Gastflügen unter Tel. 07073/7130, info@fsv-ammerbuch.de oder spontan direkt vor Ort; barrierefrei // ab 3 Jahre

AMMERBUCH-POLTRINGEN

4_ DAS WASSERSCHLOSS

Kleine Idylle mit Furt und Lamas

In unserer Vorstellung sind Burgen meist dunkel und thronen auf Berghöhen, Schlösser dagegen wurden im Tal errichtet. Besondere Schlösser, das weiß jedes Kind, sind umgeben von einem Wassergraben. So ein Wasserschloss im Renaissancestil hat sich in Poltringen seit dem Jahr 1613 erhalten. Sogar ein berühmter Baumeister hatte hier seine Finger im Spiel – der württembergische Hofbaumeister Heinrich Schickhardt. Auch in Tübingen hat er seine Spuren hinterlassen: am Unteren Schlossportal und am Neptunbrunnen. Zwar kann die Vierflügelanlage nur von außen besichtigt werden, aber der bis zu sieben Meter breite Wassergraben ist gut zu sehen. Auch die gewaltige Schlossscheuer und die Schlossmühle mit schmuckem Staffelgiebel sind beeindruckend.

So weit der Teil für die Eltern. Für Kinder gibt es hier im Landkreis Tübingen die einmalige Chance, ein Schloss mit gefülltem Wassergraben zu sehen. Und der Besuch lässt sich wunderbar mit einem idyllischen Mini-Spaziergang verbinden, den auch schon kleinere Kinder bewältigen.

Start ist an der Stephanuskirche am Ortsausgang Richtung Reusten, wo man auch parken kann. Auf ebenem, asphaltiertem Weg spaziert man an Pferdekoppeln vorbei zum Schlossensemble, umrundet das Wasserschloss, überquert eine Brücke und landet auf dem Ammerbegleitweg zurück zur Kirche. Hier ist die Ammer besonders romantisch. Biberfraßspuren sind zu entdecken, Bänke säumen den Weg, Lamas grasen, und an der Furt bei der Kirche wird an heißen Tagen geplanscht. Also ein Handtuch einpacken!

TIPP: Im Mühlenladen Poltringen direkt beim Schloss findet man viele leckere regionale Produkte, oft in Bio-Qualität, und Bauernhofeis zum Schlecken.

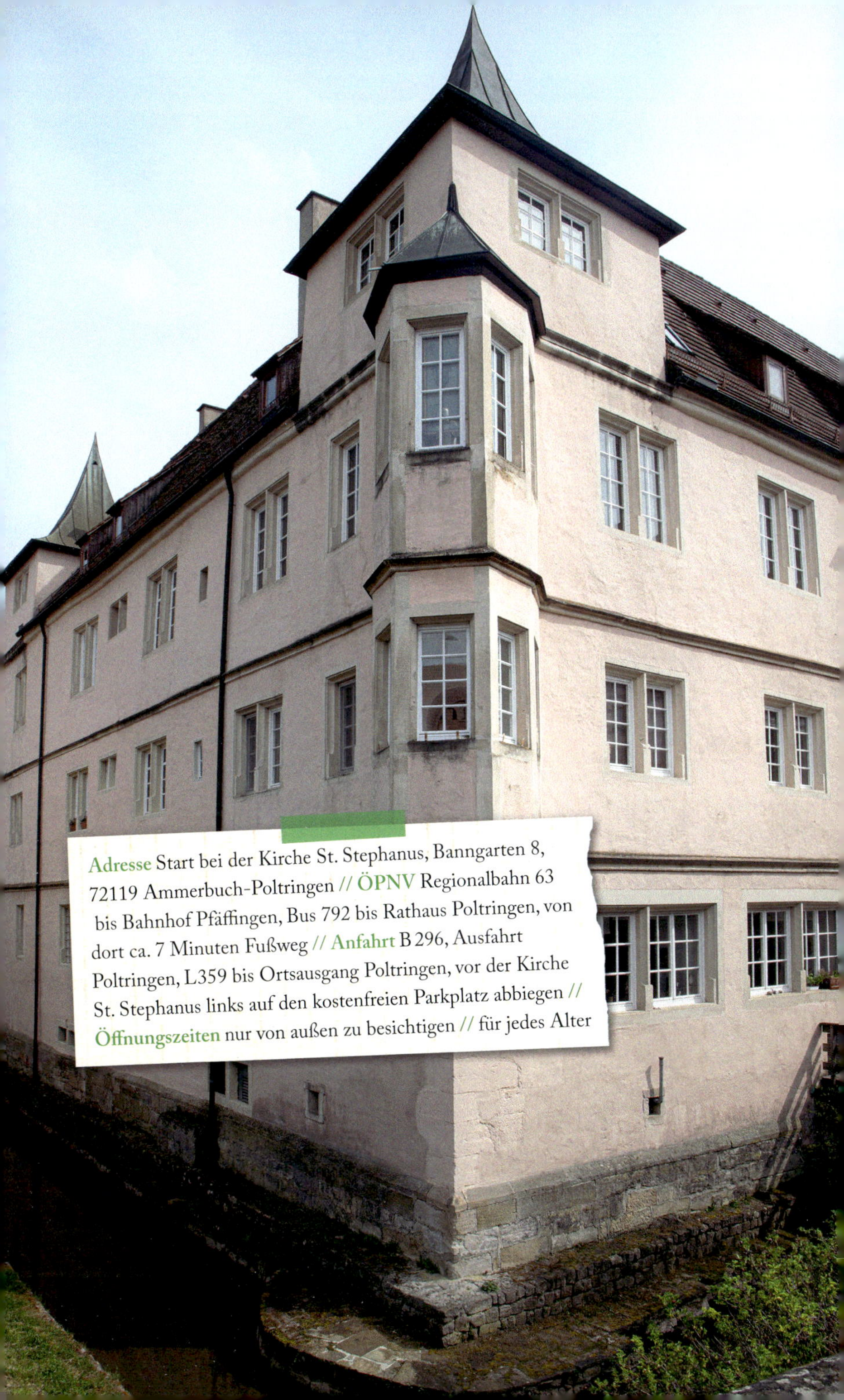

Adresse Start bei der Kirche St. Stephanus, Banngarten 8, 72119 Ammerbuch-Poltringen // **ÖPNV** Regionalbahn 63 bis Bahnhof Pfäffingen, Bus 792 bis Rathaus Poltringen, von dort ca. 7 Minuten Fußweg // **Anfahrt** B 296, Ausfahrt Poltringen, L359 bis Ortsausgang Poltringen, vor der Kirche St. Stephanus links auf den kostenfreien Parkplatz abbiegen // **Öffnungszeiten** nur von außen zu besichtigen // für jedes Alter

5_DER PICKNICKPLATZ AM KOCHHARTGRABEN

Canyon-Feeling

Einen Picknickkorb mit Leckereien füllen, die Mannschaft wanderfähig ausstatten, und los geht's zu einem der schönsten Täler im Landkreis Tübingen – zum Kochhartgraben nach Reusten. Das Flüsschen Ammer und sein Nebenbach, der Kochhart, haben sich bei Reusten tief in den Muschelkalk eingegraben, sodass ein 107 Hektar großes Naturschutzgebiet mit 50 Meter tiefen Geländeeinschnitten, Kalkfelsen und Trockenrasen entstanden ist. Zwischen den beiden Flusstälern ragt der lang gezogene Kirchberg auf, bekrönt von einer Lindenallee und voller Geschichte. Der Name Kirchberg rührt daher, dass hier bis zum Jahr 1759 eine Kirche stand, die von den Bebenhäuser Mönchen erbaut wurde. Und von einer Burgruine Kräheneck sind noch Wallanlagen erhalten.

Man startet beim Spielplatz auf dem Kirchberg, den man am besten erst am Ende der kleinen Wanderung aufsucht. Zunächst geht es an der Kante des Südhangs des Kochhartgrabens entlang – Vorsicht: Kinder nicht ganz so nah an den Abhang springen lassen! – und dann links hinunter ins Tal. Dort angekommen, lädt ein netter Picknickplatz inklusive Wasser und kleinem Brückchen zum Verweilen und Spielen ein. Nach Rast und Schmaus geht es im Tal zurück zum Kirchberg, wo der Weg zum Schluss steil bergauf führt. Immer im Blick: die steilen Hänge. Und ab und zu überquert man auf großen Trittsteinen den Bachlauf. Für kleine Wanderer ein großes Abenteuer!

Adresse Parkplatz beim Kinderspielplatz Reusten, Am Kirchberg, 72119 Ammerbuch-Reusten // ÖPNV Regionalbahn 63 bis Bahnhof Pfäffingen, Bus 792 bis Rathaus Reusten, von dort ca. 10 Minuten Fußweg // Anfahrt B 296, Ausfahrt Poltringen, L359 bis Reusten, der Beschilderung zum Friedhof/Spielplatz folgen und bis zum kostenlosen Parkplatz am Kinderspielplatz // Öffnungszeiten immer zugänglich // ab 4 Jahre

TIPP: Unbedingt einkehren sollte man im legendären Bergcafé Reusten. Hier wird man in Kittelschürze empfangen, die Kinder dürfen die süffige Bergcafé-Cola aus einem echten Strohhalm schlürfen und im Minisandkasten mit einer Schöpfkelle aus Silber Sandkuchen backen. Für die Größeren steht eine Tischtennisplatte zum Mäxle-Spielen vor dem Haus.

6_DER KASTANIENHOF

Aprikose mag Karotte

Oft ist es für Kinder und auch für manche Erwachsene schwer nachzuvollziehen, dass man fremde Tiere nicht füttern soll. Gern würde man ihnen etwas Gutes tun und sie ein bisschen mit Streicheleinheiten verwöhnen. Auf dem Kastanienhof ist dies möglich. Dort gibt es für 50 Cent spezielle Futtersäckchen, gefüllt mit Karotten und Heu für die Tiere im Streichelzoo. Eine Horde Kamerunschafe und drei Esel mit den Namen Aprikose, Mercedes und Ede warten schon sehnsüchtig darauf. Na, traut ihr euch ins Gehege? Ab und zu kreuzen auch Pfaue den Hof und melden sich mit lautstarken Schreien zu Wort. In der Gärtnerei lassen sich farbenprächtige Vögel in einer Voliere bewundern. Gouldamadinen, Zebrafinken, Nymphensittiche – am liebsten würde man sie gleich vor Ort malen, um ihre Schönheit einzufangen.

Nebenher können die Eltern gemütlich im Hofcafé mit Wintergarten und Terrasse Platz nehmen und leckere selbst gemachte Kuchen oder Suppen genießen. Auf dem Kastanienhof arbeiten Menschen mit Behinderung, die nicht nur die Futtersäckchen genäht und befüllt haben, sondern deren hochwertige Produkte auch im angrenzenden Hofladen gekauft werden können. Regional, nachhaltig und sozial. Wie wäre es mit Kuchen im Glas und duftenden Kräuterteemischungen? Und einen Spielplatz für kleine Kinder und Trettraktoren gibt es auch. Der Nachmittag ist gerettet!

TIPP: Römerfans sollten auf jeden Fall einen Besuch im Römischen Freilichtmuseum in Hechingen-Stein ins Auge fassen.

Wer ganz sportlich zum Kastanienhof kommen möchte, kein Problem. Er liegt auf der 30 Kilometer langen Streuobst-Radtour für Familien.

Adresse Ofterdinger Straße 14, 72411 Bodelshausen, www.arbeit-in-selbsthilfe.de // Anfahrt B 27 bis Ofterdingen, rechts in Aspergstraße und Schillerstraße, dann links in Banweg abbiegen, immer geradeaus bis zum Kastanienhof, kostenlose Parkplätze vorhanden // Öffnungszeiten Hofladen: Mo–Fr 9–12 und 14–18 Uhr, Sa 9–12.30 Uhr; Hofcafé: Di–So 10–18 Uhr; Streichelzoo: Mo–Fr 8–18 Uhr, Sa, So nur von außen zugänglich; Spielplatz: Mo–So 9–12 und 14–18 Uhr // für jedes Alter

7_DAS BÄDLE

Wo sich Schnatterrike treiben lässt

Mal ehrlich: So ein Freibadbesuch kann ganz schön anstrengend sein. Ständig ist man auf der Hut, seine Liebsten vor dem Untergang zu bewahren. Mit dem Baby im Kleinkinderbereich, der Größere pflügt durchs Schwimmerbecken, und die Mittlere – wo ist die denn jetzt schon wieder? Wer es etwas entspannter haben möchte, dem sei das idyllisch im Schaichtal gelegene Bädle wärmstens empfohlen. Hier hat man als Mutter und Vater alles im Blick. Von der schönen Liegewiese aus überblickt man sowohl den Schwimmerbereich als auch den Kleinkindbereich mit Wasserpilz, Bachlauf mit Stauwehr und Wasserrad. Und auch noch alles öko! Gespeist wird das Bädle vom Quellwasser der Mäuringsquelle, und beheizt wird es mit Solarenergie.

Es gibt hier zwar keine Riesenrutsche, aber wenn man den Schwimmmeister freundlich bittet und nicht allzu viel Trubel im Becken ist, dann wird der Bruder von Schnatterrike ins Wasser gelassen. Schnatterrike? Das ist das Maskottchen des Bädles, die einzige bisher bekannte Ente mit Hirschgeweih und einem eigenen Facebook-Profil. Schnatterrike wacht derweil am Kassenhäuschen und freut sich auf nette Besucher, ebenso wie der äußerst aktive Bädlesverein. Von Tübingen aus ist das Bädle ganz einfach mit dem Bus zu erreichen. Alle 20 Minuten fährt ein Bus in Richtung Dettenhausen und landet quasi direkt vor dem Schwimmbad.

TIPP: Eine Wanderung oder Fahrradtour ins idyllische Schaichtal mit seinen vielen Seen und Tümpeln lohnt immer. Auf manchen haben sich sogar wunderschöne Seerosen ausgebreitet. Und für Kinder ist alles schön flach und gut mit dem Fahrrad zu meistern.

Adresse Stuttgarter Straße 2, 72135 Dettenhausen, www.freibad-dettenhausen.de // **ÖPNV** Bus 826, 828, Haltestelle Alte Post Dettenhausen, danach ca. 1 Minute Fußweg // **Öffnungszeiten** Mo, Do–So 8–20 Uhr, Di 6.30–20 Uhr, Mi 6.30–18 Uhr // für jedes Alter

8_DAS CAFÉ MIEZE

Schleck's weg

Rosa, Hellblau, Gelb und Mintgrün – die Bonbonfarben der 1950er Jahre stimmen jeden beim Betreten des Cafés und der Eisbar sofort glücklich. Sind das nicht die Lieblingsfarben der Kids? Seit 2015 kreiert die »Mieze« Barbara Schmid in einer ehemaligen Tankstelle besondere Eissorten wie Hibiskus-Limette, Vanille mit Olivenöl oder Himbeer mit Roter Bete. Alle Sorten glutenfrei, zuckerreduziert, ohne künstliche Geschmacksverstärker, regional und saisonal und trotzdem schön bunt. Falls die jungen Eisschlotzer beim Gedanken an Rote Bete zusammenzucken, dürfen sie gern erst mal mit einem Löffel die unbekannten Gaumenfreuden probieren. Denn Kinder werden hier genauso ernst genommen wie Erwachsene.

Im Nebenraum gibt es gemütliche Zimmernischen im Nierentisch-Look und Selbstgemachtes von lokalen Kunsthandwerkern wie Kerzen oder Kuschelmiezen. Im wunderschönen Garten hinter dem Café lässt sich ein entspannter Nachmittag bei leckerem hausgemachten Kuchen und einem Affogato im Liegestuhl verbringen, während die Kids im Sandkasten buddeln, auf Bäume klettern oder auf der Wiese kicken. Es gibt sogar eine Boulebahn, und im angrenzenden Wald können kleine Abenteurer auf Entdeckungstour gehen. Man darf gern länger bleiben, ohne ständig etwas Neues bestellen zu müssen.

Oder man legt hier einen Zwischenstopp bei einer Radtour ein. Wer etwas Herzhafteres möchte, wird nebenan bei Gianlucas Pizzamobil fündig. Und noch etwas reizt Kinder ebenso wie Erwachsene: das Schlecktütle für 50 Cent!

TIPP: Im Schönbuchmuseum in Dettenhausen erwartet die Besucher Spannendes zum Thema Stein, Jagd und Wald (So und Feiertage 14–18 Uhr).

Adresse Tübinger Straße 64, 72135 Dettenhausen, www.cafemieze.de // ÖPNV Bus 826, 828, Haltestelle Tübinger Straße Dettenhausen, von dort ca. 4 Minuten Fußweg // Öffnungszeiten Di – Fr 9 – 12 und 15 – 18 Uhr, Sa 11 – 18 Uhr, So 12 – 18 Uhr // ab 1 Jahr

9_ DER KINDERBAUERNHOF

Kuscheln mit Zebus

Besucht man den Kibago am Brennlesberg, betritt man eine kleine Welt für sich. Islandpferde, Zebus, Ziegen, Zwergschafe, Schwäbisch-Hällische Schweine, Kaninchen, Gänse, Enten und Hühner sowie Hund Hoja und Katze Momo tummeln sich auf dem großen Gelände. Kinder lernen hier, was Tiere brauchen, damit es ihnen gut geht. Conny Schäfer ist es vor allem wichtig, dass die Kids die Tiere mit allen Sinnen wahrnehmen, sie berühren, streicheln, auf den Schoß nehmen und riechen. Es sind kostbare Momente, wenn eine emotionale Beziehung zwischen Kind und Tier entsteht. Deswegen stehen die Tore des Kinderbauernhofs auch für die von Conny Schäfer so genannten »Päckleskinder« weit offen, die besondere sprachliche, seelische oder körperliche Bedürfnisse haben. Sie können in einer Heuraufe liegen und dabei den Islandpferden ganz nahe kommen. Oder zeigen, dass sie einmal der Chef sind, wenn die Zwergschafe ganz artig folgen. Wildere Kinder werden von den schnatternden Gänsen schnell in ihre Grenzen verwiesen, und mit den Schweinen lässt sich super Fangi spielen. Ganz besondere Tiere sind die Zebus namens Medan und Kim, die durch ihr sanftes Wesen Kuscheleinheiten von Kindern genießen dürfen.

TIPP: Nach dem Tierbesuch sollte man unbedingt noch einen Abstecher zum Mehrgenerationen-Spielplatz »Auf der Hald« einlegen. Hier gibt es sogar eine Murmelbahn.

Auch als Familie kann ein Termin ausgemacht werden. Für zusätzliche Begeisterung sorgen Baumhaus, Heuboden und ein gigantischer Erdhaufen zum Dreckeln und Rutschen. Da wundert es nicht, dass die Termine zu den Kindergeburtstagen am Samstagnachmittag bereits ein Jahr im Voraus gebucht werden müssen.

Adresse Kinderbauernhof am Brennlesberg e.V., Lindenstraße 7, 72810 Gomaringen, www.kibago.de // ÖPNV Bus 7625, Haltestelle ZOB Gomaringen, von dort ca. 10 Minuten Fußweg // Öffnungszeiten Besuche und Kindergeburtstage nur nach Voranmeldung unter Tel. 07072/9229337 oder per E-Mail an info@kibago.de; Offener-Bauernhof-Termine für Familien ohne Anmeldung auf der Website // für jedes Alter, Kindergeburtstage ab 5 Jahre

10_Der Häppy Schaukelweg

Mal richtig abheben

Wie wäre es mit einem tollen Familienausflug am Wochenende, bei dem garantiert alle happy sind? Der Stadtspaziergang durch Hechingen ist als vier Kilometer langer Rundweg gegen den Uhrzeigersinn – um einen steilen Anstieg in der Stadt zu vermeiden – gestaltet. Wenn man ihn komplett ablaufen möchte, sollte man sich jedoch einen ganzen Tag Zeit nehmen, denn die Strecke hat unglaublich viel zu bieten. Da werden die begeisterten Kids an vielen Stellen gern länger verweilen.

Zehn Schaukelstationen warten auf Schwungkünstler. Von der Hottehü-Schaukel über die Küssmich-Schaukel bis hin zur Himmelsschaukel mit vier Meter Höhe inklusive Blick auf die Burg Hohenzollern ist alles dabei, um so richtig abzuheben. Spaß verheißt auch die Hochzwei-Schaukel, auf der sich ein Kleinkind und ein Erwachsener gemeinsam in die Lüfte schwingen können. Auch zwei Spielplätze, vier Wasserstationen – Handtuch nicht vergessen! – und der tolle Erleb-dich-Pfad samt Barfußpfad mit Matschstelle sind in den Schaukelweg integriert. Ein wunderbarer Ort, um die Füße glücklich zu machen! Zwischendurch kann Eis geschleckt werden, und mittels QR-Code kann man auf dem Smartphone interessanten Geschichten zu historischen Gebäuden in der Stadt lauschen. Die Schaukelweg-Idee hatte übrigens eine Hechinger Mutter. Ihr ist es auf diese Weise großartig gelungen, die Innenstadt zu beleben!

Adresse Einstieg Ecke Weilheimer Straße/Schillerstraße oder Ecke Hospitalstraße/Obere Mühlstraße, 72379 Hechingen // **ÖPNV** Hohenzollerische Landesbahn RB 66/RB 68 bis Bahnhof Landesbahn, von dort 8 Minuten Fußweg bis Ecke Hospitalstraße/Obere Mühlstraße // **Anfahrt** B 27 bis Hechingen, Ausfahrt Hechingen-Mitte, im Kreisverkehr geradeaus auf Sigmaringer Straße und Bahnhofstraße, im Kreisverkehr 3. Ausfahrt auf Hofgartenstraße, im nächsten Kreisverkehr 3. Ausfahrt auf Neustraße nehmen, links auf Weilheimer Straße, rechts auf Schillerstraße, Parkplatz Schillerstraße kostenfrei // **Öffnungszeiten** immer zugänglich // ab 1 Jahr

TIPP: Regelmäßig sonntags von 14 bis 17 Uhr gibt es Kaffee und Kuchen in der Villa Eugenia im Fürstengarten, der letzten Residenz der Fürsten von Hohenzollern-Hechingen.

11_DER MÄRCHENPFAD

Knusper, knusper, knäuschen …

Manchmal ist die Spannung in den Märchen der Gebrüder Grimm kaum auszuhalten. Was geschieht mit Hänsel und Gretel? Schafft es die scheußliche Hexe, sie in ihr Knusperhäuschen zu locken? Auf dem Märchenpfad am Martinsberg geben sich die Top Ten der Gebrüder Grimm auf einem circa einen Kilometer langen Rundkurs ein Stelldichein. Schneewittchen, Rapunzel, Froschkönig und Co. warten darauf, entdeckt zu werden – und dies bereits seit 1972. Die Figuren entstammen der Hand des Stahlkünstlers Wilfried Rexze aus Pfäffingen und begeistern durch ihre ganz eigenwillige Optik.

Ganz neu kamen Mitmachstationen dazu, die die Geschichten noch intensiver erlebbar machen. Hier können die Kids ihr Märchenwissen bei einem Quiz testen, an einer Kurbel drehen und dem Abenteuer von Rotkäppchen lauschen oder auf einem Wimmelbild Gegenstände und Figuren zur Geschichte vom Wolf und den Sieben Geißlein suchen. Oder man packt das Buch von zu Hause ein und legt vor Ort eine Märchenstunde ein. Wie schön!

Wer noch ein bisschen mehr Bewegung möchte beziehungsweise braucht, kein Problem! Der Märchenweg lässt sich zu einer Familienwanderung ausbauen. Auf der 4,5 Kilometer langen Martinsberg-Tour kommt man an einer malerischen Birkenallee, einem Eisweiher und an wunderschönen Wacholderweiden mit Blick auf die Burg Hohenzollern vorbei.

Adresse Niederhechinger Straße, 72379 Hechingen // Anfahrt B 27 bis Hechingen, Ausfahrt Richtung Hechingen-Mitte, im Kreisverkehr geradeaus auf Sigmaringer Straße und Bahnhofstraße, im Kreisverkehr 3. Ausfahrt auf Hofgartenstraße, im nächsten Kreisverkehr 1. Ausfahrt auf Haigerlocher Straße nehmen, dann links auf Friedrichstraße, am Eisweiher vorbei bis zum kostenlosen Parkplatz Märchenpfad // Öffnungszeiten immer zugänglich // ab 3 Jahre

TIPP: Die eigene Auge-Hand-Koordination kann an der Minigolfanlage Rapphof trainiert werden, die nicht weit vom Märchenpfad entfernt liegt und an der es auch einen Kiosk gibt.

12_DER SCHÖNBUCHTURM

Der Schwindeltest

Wow! Der 35 Meter hohe, luftig anmutende Schönbuchturm ist eine Top-Attraktion im Naturpark Schönbuch. Schon die Konstruktion des Turms ist einzigartig: acht Holzstützen aus heimischem Lärchenholz wirken wie aufgestellte Mikadostäbe, die sich nach oben hin öffnen und mit einer Stahlseilkonstruktion zusammengehalten werden. Über zwei gegenläufige, spiralförmige Treppen gelangt man nach oben und wieder hinunter. 348 Stufen gilt es zu nehmen. Eine Challenge für Klein und Groß!

Von drei unterschiedlich hohen Plattformen aus – die höchste ist 30 Meter hoch – genießt man ein phantastisches Panorama über den Schönbuch und das Heckengäu bis hin zum Schwarzwald und zur Schwäbischen Alb. Bei bester Wetterlage ist sogar ein Blick auf den Feldberg im Schwarzwald zu erhaschen. Auch eine eigene Zeitkapsel hat der Turm bekommen: Eine silberne Metallkugel schwebt im Innern, gefüllt mit Zeugnissen aus dem Jahr der Erbauung 2018. Was da wohl so alles drin ist?

Ein wahrer Freizeit-Hotspot liegt in unmittelbarer Nähe. Familien haben die Qual der Wahl zwischen Klettern im Waldseilgarten, Toben im Waldspielplatz, Einkehren im Naturfreundehaus, dem Umrunden des Damwildgeheges, einem Besuch der Waldweide und einer Outdoor-Murmelbahn aus Holz. Für Rundwanderungen wie die »Land.Tour SchönbuchTurm« können Bollerwagen ausgeliehen sowie EntdeckerBüchlein und EntdeckerBeutel für Kinder erworben werden. Stadtinteressierte Kids gehen mit Herris Lauschtour in Herrenberg auf Zeitreise. Was tun? Öfter kommen!

Adresse an der L1184, 71083 Herrenberg // ÖPNV Regionalbahn 63 bis Bahnhof Herrenberg, dann ab ZOB Bahnhofstraße Bus 782 bis Haltestelle Herrenberg Waldfriedhof nehmen, von dort ca. 11 Minuten Fußweg // Öffnungszeiten von Sonnenaufgang bis Einbruch der Dunkelheit frei zugänglich // ab 4 Jahre

TIPP: Wer den Weg in die Stadt Herrenberg einschlägt, sollte unbedingt das Glockenmuseum im Turm der Stiftskirche aufsuchen. Über 35 läutbare Bronzeglocken aus 12 Jahrhunderten warten hier auf ihren Einsatz.

13_DER HOLZWEG

Waldbadewanne inklusive

Nomen est omen. Natürlich liegt es nahe, einen Holzweg in Holzgerlingen anzulegen. Aber dieser hat es in sich. Rabe Fritz und Eule Emma begleiten die Kids auf einem etwa drei Kilometer langen Rundweg durch den Wald. Ein solches Vorhaben könnte andernorts ein zähes Ringen werden. Hier jedoch gewiss nicht! Bei vielen Mitmachstationen erfahren die Kinder Spannendes zum Thema Holz. Kann man mit Holz Musik machen? Wie bekomme ich heraus, wie hoch der Baum vor mir ist? Kann man einen Baumstamm als Telefon benutzen? Ist jede Holzart gleich schwer? Und wie flechte ich einen Weidenzaun?

Wer lieber nur den Wald genießen möchte, kommt ebenso voll auf seine Kosten. Wie wäre es mit einem Bad in der Waldbadewanne? Oder soll man lieber den Pfad der Stille einschlagen? Unbedingt ausprobieren muss man natürlich auch die Baumwippe. Kaum zu glauben, wie biegsam so ein Baumstamm ist. Ob Papa ihn zum Brechen bringen wird? Dass Holz ein wichtiger nachwachsender Rohstoff ist, wird anschaulich gemacht, wenn man sieht, wie viel Volumen Holz an einem Tag im Stadtwald neu dazukommt.

Bei abenteuerlichen Spielkids setzt ein kleiner Steinbruch mit der Burg Sternenwald sofort die Phantasie in Gang. Und fürs leibliche Wohl sorgt die Grillstelle bei der Josefshütte. Also, was will man mehr? Das wird ein toller Familienausflug!

TIPP: Wie wäre es mit einem kurzen Blick auf die bunten Holzgerlinger StadtArt-Vögel? Sie stehen am Brühlweg Spalier bis hinunter zum großen Freizeitgelände Rosswiesen mit Kletterfels und der Skateanlage mit Dirty-Bike-Course.

Adresse Start am Parkplatz am Waldfriedhof, 71088 Holzgerlingen // **Anfahrt** L1208 und B464 nach Holzgerlingen, Ausfahrt Ehningen/ Holzgerlingen, im Kreisverkehr 3. Ausfahrt auf Böblinger Straße, im nächsten Kreisverkehr 2. Ausfahrt auf Hohenzollernstraße nehmen, links auf Weihdorfer Straße bis zum kostenlosen Parkplatz Waldfriedhof, Holzskulpturen Rabe und Eule markieren Start // **Öffnungszeiten** immer zugänglich // ab 3 Jahre

14_DIE KELTISCHE VIERECKSCHANZE

Rätsel im Wald

Ein Spaziergang im Wald ist eigentlich eine tolle Sache, aber manchmal braucht es noch etwas mehr, um die Kids aus dem Haus zu locken. Für kleine Entdecker und angehende Archäologen, die Interesse an Spuren und Rätseln vergangener Zeiten haben, ist dieser »Geschichtliche Lehrpfad« genau das Richtige. Man entdeckt keltische Grabhügel und eine keltische Viereckschanze, auf deren Wällen man entlanglaufen kann. Für welchen Zweck wurde sie errichtet – als Kultstätte, Zufluchtsort oder Wohnstatt einer privilegierten Familie? Wer entdeckt als Erster die Vertiefungen der Toranlage, die Reste eines römischen Viergöttersteins oder das Relief von Herecura, der Göttin der Unterwelt und der Fruchtbarkeit? Im Mittelalter ließ Graf Eberhard im Bart hier ein Jagdschloss erbauen, dessen Reste man noch im heutigen katholischen Jugendhaus Schloss Einsiedel erkennen kann. Merkwürdig sind auch zahlreiche alte Grenzsteine, auf denen gekreuzte Schlüssel zu sehen sind. Was das wohl zu bedeuten hat? Die Kids müssen genau hinschauen, um die noch erhaltenen Spuren der Vergangenheit zu finden und zu entschlüsseln.

Auch über die Jagd, die Weidehaltung und die Gewässer im Schönbuch erfährt man einiges auf diesem circa 4,5 Kilometer langen Rundweg, der beim ehemaligen Schloss Einsiedel beginnt. In der Nähe der keltischen Viereckschanze liegt ein Grillplatz mit traumhafter Aussicht auf alte Alleen und die Schwäbische Alb.

Adresse Parkplatz Hofgut Einsiedel, 72138 Kirchentellinsfurt-Einsiedel // Anfahrt K6912 an Pfrondorf vorbei, am Wanderparkplatz Waldklause rechts abbiegen, der Bebenhäuser Allee bis Hofgut Einsiedel, dann der Beschilderung Geschichtlicher Lehrpfad folgen, kostenloser Parkplatz // Öffnungszeiten immer zugänglich // ab 6 Jahre

TIPP: Im Garten der Wanderraststätte Schloss Einsiedel steht vermutlich noch ein Ableger des legendären Weißdorns, den Graf Eberhard im Bart von seiner Reise nach Palästina 1468 mitgebracht haben soll (1. Mai – 31. Okt. So und Feiertage).

15_DER BURGHOLZTEICH

Für kleine Robinsons

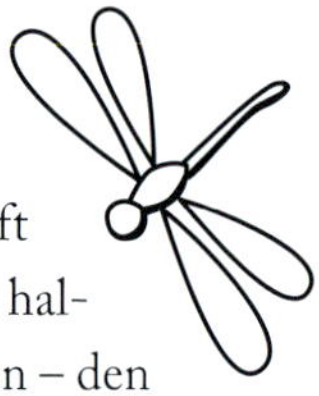

Teiche, kleine Tümpel und jede noch so kleine Pfütze üben auf Kinder eine geradezu magische Anziehungskraft aus. Man kann nur hoffen, dass die Schuhe einigermaßen halten, was sie versprechen. Denn Eltern wollen – und können – den Nachwuchs sowieso nicht vom Wasserspielen abhalten.

Im Wald hinter dem Französischen Viertel befindet sich versteckt ein kleiner Teich im Dornröschenschlaf. Man folgt am besten dem asphaltierten Panzerweg in den Wald hinein, vorbei an Schäferei, Wagenburgen und lauschigem Grillplatz. Der Weg endet in einer großen Wendeschleife, von dort ist es nicht mehr weit zum Teich, einem von vielen Relikten der Franzosenzeit in Tübingen. Vielleicht einst für Panzerübungen im Wasser oder zur Fischzucht angelegt, droht er inzwischen zu verlanden. Macht jetzt erst mal nichts, denn für Kinder ist er ein kleines, verwildertes Paradies. Kleine Freitags und Robinsons können den See in wenigen Minuten umrunden. Im Frühjahr unkt und quakt es dort lustig vor sich hin, im Sommer lässt es sich dort wunderbar spielen. Wer schafft es trockenen Fußes auf die Insel? Und wer möchte lieber ein Floß bauen?

Wer sich wünscht, dass die eigenen Kinder mal so richtig abenteuerlich spielen, sollte sich auf die Suche nach diesem verwunschenen Ort machen. Einfach die Picknickdecke und Nachmittagsverpflegung einpacken, auf der Waldwiese nebenan Löcher in den Himmel starren und einen entspannten Nachmittag verbringen. Und nebenbei den metallisch glänzenden Libellen bei ihren Flugübungen zuschauen.

TIPP: Wer sich davor noch mit etwas Proviant eindecken möchte, kann dies im Naturkostladen Rote Rübe in der Aixer Straße 44 tun. Dort gibt es auch »Bio Bubbles«-Seifenblasen.

Adresse im Wald hinter dem Französischen Viertel Richtung Wankheim, 72127 Kusterdingen; Koordinaten: 48°30'28.3"N 9°05'18.8"E // **ÖPNV** Bus 1, Haltestelle Wankheimer Täle, von dort ca. 13 Minuten Fußweg (anderer Weg als im Text beschrieben) // **Öffnungszeiten** immer zugänglich // ab 4 Jahre

16_DAS LANDGUT KEMMLER

Schlepper treten und Kälbchen gucken

Es gibt wenige Orte, an denen Mama und Papa gemeinsam – die Betonung liegt hier auf gemeinsam – in Ruhe Kaffee und Kuchen genießen können. Kleine Kinder sind ständig in Bewegung, und warum sie an einem Tisch still sitzen sollten, entzieht sich ihrer Vorstellungskraft. Im Landgut Kemmler kommen beide Seiten voll auf

ihre Kosten. Für die Kinder stehen Tretschlepper mit Anhänger und sonstige Fahrzeuge aller Art zur Verfügung, da können um die Tische und Bänke der großen Terrasse des Hofcafés Kilometer gemacht werden. Ein geschützter Sandkastenplatz lädt die Allerkleinsten zum Buddeln und Schaufeln ein. Und das Beste daran: Man hat alles im Blick, und die Eltern können etwas länger sitzen bleiben.

Im Sommer ist die Terrasse unter den Platanen schön schattig, innerliche Abkühlung verheißt ein Softeisautomat mit leckerem Vanille-Bioeis aus eigener Milch vom Hof. Denn das Landgut Kemmler ist ein Familien-Gemischtbetrieb in der fünften Generation. Drei Generationen betreiben heute Ackerbau und Viehzucht, eine Biogasanlage, eine Brennerei, einen Hofladen, ein Hofcafé und eine Festscheune. Dazu bieten sie Ferienwohnungen an, halten Weidehühner und pflegen Streuobstwiesen.

Ein kleiner Spielplatz lockt, und der Gang zu den Kälbchen in den Iglus und zu den 60 Milchkühen gibt Einblick in den offenen Bauernhof. Das Landgut ist auch ein wunderbarer Start- und Zielpunkt für Fahrradausflüge auf der Hochfläche der Härten.

Adresse Hauptstraße 20, 72127 Kusterdingen-Wankheim, www.landgut-kemmler.de // ÖPNV Bus 7625, Haltestelle Walbenstraße, von dort ca. 5 Minuten Fußweg // Öffnungszeiten Hofcafé und Hofladen: Di–Fr 8.30–19 Uhr, Sa 7.30–17 Uhr, jeden 1. So im Monat 13–18 Uhr, Regiomat und Milchautomat immer zugänglich // bis 6 Jahre

TIPP: Auf den Härten angekommen, können auch jüngere Kinder wunderbar in der Ebene Fahrrad fahren – inklusive Spielplatzhopping: In jedem Ort gibt es einen Spielplatz zum Rasten und Toben. Immer im Blick: das Panorama der Schwäbischen Alb.

MÖSSINGEN

17_DAS STREUOBST-INFOZENTRUM

Im Land der Äpfel und Birnen

Wir leben wahrlich in einem Paradies – im Schwäbischen Streuobstparadies! 1,5 Millionen Obstbäume bevölkern die Streuobstwiesen zwischen Alb und Neckar, eine einzigartige Natur- und Kulturlandschaft und die größte Streuobstregion Mitteleuropas. Über 5.000 Tier- und Pflanzenarten tummeln sich auf dem mit Bäumen bestandenen Wiesen- und Weideland.

Im ehemaligen Firmengelände der einst weltberühmten Textildruckfabrik Pausa bietet das Streuobst-Infozentrum Mitmachstationen mit Wissens- und Spaßfaktor. An fünf stilisierten Obstbäumen erfährt man Interessantes über die Geschichte der Streuobstwiesen, ihre Tier- und Pflanzenwelt, über Pflege und Ernte der Bäume und über Unterschiede bei den Anbauformen wie der Obstplantage. So wird klar, warum es wichtig ist, diesen einzigartigen Lebensraum auch für die nächsten Generationen zu erhalten.

Viel Spaß macht Kindern das Obsterntespiel, gewissermaßen Sport auf der Leiter: Alle Früchte am Baum leuchten, bis man sie berührt hat. Wer ist der schnellste Obstpflücker? Und wer kann beim Vogelstimmenspiel zwitschern wie eine Meise?

Eine tolle Sache ist auch die Obstwerkstatt. Ein wechselndes Kursprogramm sorgt für eine kreative Verarbeitung der Früchte: Bei den Kochkursen für Kids, dem Saftpressen oder dem Basteln mit Naturmaterialien ist viel geboten. Wie wäre es mit einem Apfelmus-Kindergeburtstag?

TIPP: Man sollte unbedingt eine Pause im Café Pausa gleich nebenan einlegen, das von der Arbeit in Selbsthilfe gGmbH betrieben wird. Für Kinder gibt es Fruchtgummis aus Jakob-Fischer-Äpfeln oder Schweizer Wasserbirnen, sonn- und feiertags lockt ein leckeres Frühstücksbüfett. Picknicksäckle und -körbe können vorbestellt werden (Tel. 07473/9568846, www.cafe-pausa.de).

Adresse Löwensteinplatz 2, 72116 Mössingen, www.streuobstparadies.de // ÖPNV Regionalbahn bis Bahnhof Mössingen, von dort ca. 9 Minuten Fußweg // Öffnungszeiten Mi–Mo 9–19 Uhr; Eintritt frei (Spendenfässle); Anfragen zu Führungen, Obstwerkstatt und Kindergeburtstagen per E-Mail an obstwerkstatt@streuobstparadies.de // ab 4 Jahre

18_DER BARFUSS-UND SINNESPFAD

Über Stock und Stein

Nackte Füße sind bereit für neue Abenteuer. Sie können es kaum mehr erwarten, unbekanntes Gelände zu erkunden. Doch erfordert es höchste Konzentration, sich über harte Steine, raue Baumstämme, drückende Korken, heißen Sand, weichen Waldboden mit spitzen Nadeln oder schlammigen Matsch voranzuarbeiten. Für manch zartes Füßchen eine echte Herausforderung. So wie der Sprungkrafttest. Bloß höher als ein Grashüpfer kommen! An Klang- und optischen Stationen werden weitere Sinne geschärft. Machbar ist die ungefähr 500 Meter lange Strecke in einer guten halben Stunde.

Selbst der Geschmackssinn kommt auf seine Kosten. Ein Trinkpavillon an den Butzenbachquellen lädt zur nächsten Mutprobe ein. Schwefelhaltiges Mineralwasser sprudelt aus drei Hähnen. Lassen Sie Ihren Nachwuchs ruhig einen winzigen Schluck probieren, danach wissen die Kinder, wie Schwefel riecht und schmeckt.

Bereits im Mittelalter kannte man dieses besondere Wasser. Aber erst der Tübinger Medizinprofessor Hermann Friedrich Autenrieth, der hier Anfang des 19. Jahrhunderts Quellen erwarb, machte Sebastiansweiler so richtig bekannt. 1933 wurde der Ort dann offiziell zu einem Heilbad, zu Bad Sebastiansweiler.

Nach dem Wellnessprogramm für Füße und Gaumen laden noch ein großer Spielplatz mit Grillstelle, eine Boccia-Bahn, ein Minigolfplatz, Infotafeln zu Bienen und Bäumen sowie ein Café zum Verweilen im Kurpark ein. Da ist bestimmt für jeden etwas dabei!

TIPP: Bad Sebastiansweiler liegt auf der rund 30 Kilometer langen Streuobst-(Fahrrad-)Tour für Familien. Sie eignet sich für Kinder, die schon sicher im Straßenverkehr sind (www.touren.tuebinger-umwelten.de).

Adresse im Kurpark der Rehaklinik Bad Sebastiansweiler, Hechinger Straße 26, 72116 Mössingen-Bad Sebastiansweiler // **Anfahrt** über die B 27 nach Bad Sebastiansweiler, kostenlose Parkplätze vorhanden // **Öffnungszeiten** immer zugänglich; Nutzung der Grillstelle nur nach Voranmeldung, Ausleihe der Bocciabälle und Minigolfschläger an der Rezeption // ab 3 Jahre

19_DAS WEIHNACHTSHAUS

Im funkelnden Winterwunderland

»Oh, wie schön!«, entfährt es schon ganz kleinen Besuchern, wenn sie das große Gartentor des Weihnachtshauses durchschreiten und staunend auf ein riesiges Lichtermeer schauen. 150.000 Lichter verwandeln den 2.500 Quadratmeter großen Garten von Jenny Bauer und Boris Müller in eine bezaubernd funkelnde Weihnachtslandschaft. Da wird einem ganz warm ums Herz. Wunderbare kleine Szenen warten darauf, entdeckt zu werden. Am Eingang sitzt der Weihnachtsmann in einem Kaminzimmer und bekommt Kekse und Milch. Hier eine Skipiste mit Gondeln, dort spielen Schneemänner auf einem Eishockeyfeld. Es gibt Rentiere und eine Elfenwerkstatt, Seehunde balancieren Bälle. Pinguine rutschen Eisbären den Buckel runter – geht das denn überhaupt?

Ein riesiger Weihnachtsmann erstrahlt an der Hauswand. Man kommt aus dem Staunen nicht mehr heraus. Und alles in Warmweiß mit bunten Akzenten statt schrill mit blinkenden LED-Lämpchen. Als echte Weihnachtsfreaks fangen Jenny und Boris bereits im September mit dem Aufbau an, basteln immer wieder Neues hinzu und genießen die besinnliche Zeit. Oh, wie schön ist Weihnachten! Und die amerikanischen Leuchtfiguren aus den 1970er und 1980er Jahren, echte Raritäten, scheinen klassischen Weihnachtsfilmen entsprungen zu sein.

Zum Abschluss sollte man einen Blick auf den Weihnachtsbaum werfen. Dort hängen Weihnachtswünsche von Kindern, die darauf warten, erfüllt zu werden. Wer Zeit hat, kann noch den Adventsweg durch Talheim gehen und die Adventsfenster bewundern.

TIPP: Auf dem Weg kann man einen kleinen Zwischenstopp im Schokoladenwerksverkauf der Firma Klett in Nehren einlegen. Dort gibt es auch den Nikolaus aus Schokolade als Bischof.

Adresse Weihnachtshaus Mössingen, Römerstraße 14, 72116 Mössingen-Talheim, Tel. 0163/8975477 oder auf Facebook unter »Weihnachtshaus Mössingen« // **Anfahrt** B 27 bis Ausfahrt Nehren, auf die L394, rechts auf Reutlinger Straße abbiegen, links auf Bahnhofstraße/Nehrerer Gässle, beim Kreisverkehr 3. Ausfahrt nehmen und auf L385 bis Talheim, der Steinlachstraße folgen, rechts in die Albstraße und dann rechts in die Römerstraße einbiegen // **Öffnungszeiten** 1. Adventsonntag – 2. Feb. Fr, Sa 17 – 20 Uhr (außer Weihnachten), Beleuchtung täglich 17 – 22.30 Uhr // ab 1 Jahr

20_DAS VOGEL-SCHUTZZENTRUM

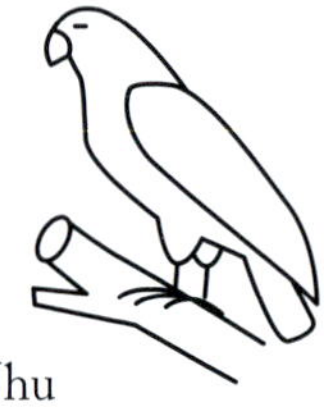

Verstehst du Meisisch? Oder Käuzisch?

Hier dreht sich alles um die heimische Vogelwelt. Kranke oder verletzte Piepmätze – vom Eisvogel und Uhu bis zum Weißstorch – aus ganz Baden-Württemberg kann man in der Vogelpflegestation abgeben, damit sie wieder fit für ein Leben in Freiheit gemacht werden. Eine große Rundvoliere sorgt für Vogelmuckitraining bei Adler und Milan, damit die Auswilderung klappt.

Ein ganz besonderes Angebot ist die Vogelschule für Kinder und Jugendliche, die für Schulklassen und Gruppen angeboten wird. Warum singen Vögel überhaupt? Wer baut welches kunstfertige Nest? Wie lässt sich am Schnabel erkennen, was der Vogel frisst? Und wie kann man Nistkästen für Piepmätze aller Art bauen?

Aber auch ohne spezielle Führung lohnt ein Besuch. Es gibt Volieren mit zahmen Dauerpfleglingen wie der Nilgans Otilia, die munter vor sich hin schnattert. Als invasive Art ist eine Auswilderung bei ihr nicht möglich. Eine Familie hat ein Ei gefunden und unter Wärmelampen ausgebrütet – nicht ahnend, was da wohl schlüpfen wird. Deswegen auch dringend die Bitte, dies nicht nachzuahmen.

TIPP: Das NABU-Vogelschutzzentrum liegt auf der Streuobst-Tour für Kinder und dem Premium-Spazierwanderweg Mössinger Leisawegle.

Für Kinder gibt es einen Erkundungspfad mit kleinen Spielstationen. Wer legt das Ei an den richtigen Platz? Welcher Vogel baut wo und wie sein Nest? Und wer ist Sieger im Streuobst-Memory? Es gibt also allerhand zu entdecken für angehende Ornithologen. Praktisch sind auch die Tische und Bänke für die Rast sowie Toiletten und eine Ladestation für E-Bikes.

Adresse NABU-Vogelschutzzentrum, Ziegelhütte 21, 72116 Mössingen-Ziegelhütte, www.nabu-vogelschutzzentrum.de // **ÖPNV** Regionalbahn bis Bahnhof Mössingen, dann mit Bus 152 bis Haltestelle Ziegelhütte und der Beschilderung folgen // **Öffnungszeiten** Mo – Fr 9 – 17 Uhr // ab 5 Jahre, Vogelschule 1. bis 6. Klasse

21_DAS KIRSCHENFELD

Fotoshooting im Blütenmeer

Diesen süßen roten Früchten kann eigentlich niemand widerstehen. Man kann sie sich auch als Schmuck ans Ohr hängen, bevor sie genüsslich in den Leckermäulchen verschwinden – aber die wahre Schönheit der Kirschen beginnt schon viel früher. Im Kirschenfeld in Nehren stehen unzählige Bäume. Und im April zur Kirschblüte zeigen sie ihre wahre Pracht. Dann hält einen nichts mehr in der Wohnung, man muss einfach raus, Sonne tanken und sich von der Schönheit der Blüten verzaubern lassen. Ein Spaziergang am und im Kirschblütenmeer bei strahlendem Sonnenschein bietet unzählige Fotomotive. Lassen Sie Ihre Kinder durch die Wiesen rennen und die Blüten bewundern!

Alle zwei Jahre wird hier das schwäbische Hanami – das Kirschblütenfest – inklusive Kinderprogramm und Kirschkernspucken gefeiert. Hanami bedeutet »Blüten betrachten« und ist eigentlich eine japanische Tradition, bei der die Schönheit der nur kurze Zeit in der Blüte stehenden Kirschbäume gefeiert und damit natürlich auch ein kleiner Wink in Richtung Vergänglichkeit gegeben wird.

Nach dem Fotoshooting lässt es sich auf dem Freizeitgelände Schwanholz prima grillen, schaukeln und spielen. Wissbegierige können die Bäume des Jahres ab 1990 erkunden, die hier in Reih und Glied gepflanzt wurden – allerdings könnten diese noch etwas zulegen! Auch das NABU-Haus ist nicht weit entfernt, und ein Bach und ein Barfußpfad unmittelbar daneben laden zum Wasserspielen und Erspüren ein.

Adresse rund um das Freizeitgelände Schwanholz, 72147 Nehren // **ÖPNV** Regionalbahn bis Bahnhof Nehren, der Daimlerstraße bis zum Herdweg folgen, dann rechts abbiegen und unter dem Bahngleistunnel bis zum Freizeitgelände gehen; insgesamt ca. 20 Minuten Fußweg // **Öffnungszeiten** immer zugänglich // ab 4 Jahre

TIPP: Das rund fünf Kilometer lange Jägerwegle beginnt am Parkplatz Schwanholz und führt am Naturdenkmal »Dicke Eiche«, am NABU-Haus und am »Baum des Jahres«-Pfad vorbei und über zahlreiche kleine Brücken.

22_DAS MAISLABYRINTH

Irrungen und Wirrungen

Das Abenteuer beginnt. Bienenwachsfackeln anzünden – alternativ Taschenlampen einschalten –, die Postkarte mit dem Motiv des Maislabyrinths und die Stempelkarte zur Hand nehmen, und los geht's. Bei Tag schaffen es geübte Kids in 20 Minuten, alle vier versteckten Stempelstationen im Irrgarten zu entdecken, aber im Dunkeln wird die Orientierung schon viel schwieriger. Das Maislabyrinth wird dann zu einem magischen Ort für Klein und Groß.

Seit 2002 gestaltet Manfred Maier das Labyrinth. Mit einem ausgetüftelten System überträgt er jedes Jahr ein neues Motiv – wie Asterix und Obelix und Co. – auf ein 30.000 Quadratmeter großes Feld. Mit einer Kalkspur wird das Motiv markiert, das die bis zu zwei Meter breiten Wege bildet, die größtenteils von Hand herausgehackt werden. Damit das Maisfeld auch bei Regen gut begehbar ist, werden von Helfern mit Schubkarren Hackschnitzel auf die circa 3.000 Meter Laufwege verteilt. Mit einer Ladung laufen die unermüdlichen Jungs schon mal 100 Meter rein und wieder raus. Aber dieser Aufwand lohnt sich!

Die Gokart-Bahn und eine tolle Strohhüpfburg begeistern die Kids noch zusätzlich. Ein wunderbarer Ort für Kindergeburtstagsfeiern. Essen und Getränke können mitgebracht werden, oder man lässt sich einfach am Wochenende von den örtlichen Vereinen verköstigen.

Übrigens wird jedes Jahr ein Fahrrad als Hauptpreis unter den richtig ausgefüllten Stempelkarten verlost!

Adresse Kreisstraße zwischen 72108 Seebronn und 72108 Ergenzingen, www.maislabyrinth-wolfenhausen.de; Koordinaten: 48°29'48.5"N 8°50'57.6"E // Anfahrt über B 28 und L361 bis Seebronn, dann Richtung Ergenzigen auf K6939, Maislabyrinth an der Kreisstraße, der Beschilderung folgen, kostenfreier Parkplatz // Öffnungszeiten Wochenende vor den Sommerferien – Ende der Ferien Mo – Fr 13 – 19 Uhr, Sa 10.30 – 23 Uhr, So 10.30 – 19 Uhr // ab 4 Jahre, Kinder unter 10 Jahren nur in Begleitung Erwachsener

TIPP: Vor der Heimfahrt kann man sich am 24-Stunden-Automaten von Maiers Lindenhof am Ortseingang von Wolfenhausen noch schnell mit leckeren regionalen Produkten versorgen.

23_DAS FBI DINER

Stärkung nicht nur für kleine Agenten

Was tun, wenn bisher verdeckt operierende kleine Mitarbeiter des Federal Bureau of Investigation, des amerikanischen Inlandsgeheimdienstes, plötzlich Hunger bekommen? Da gibt's nur eine Lösung: sofort undercover – das versteht sich von selbst – ihre Homebase aufsuchen und Nachschub fassen. Im FBI Diner gibt es zahlreiche Lieblingsessen für Kids: Das Soulfood reicht von Westernkartoffeln über Hamburger und Chicken-Crossies bis hin zu Veggieburgern. Da sollte eigentlich nichts schiefgehen. Das Rindfleisch und die Salate stammen zudem von regionalen Erzeugern, und die Burgersoße ist hausgemacht. Da können die Eltern auch mal so richtig zuschlagen, mit Spareribs oder einem Lumberjack Steak. Wer nur ein bisschen knabbern möchte, dem sei ein Corn on the Cob, ein Buttermaiskolben, empfohlen.

Abgesehen vom Essen ist hier das Ambiente bereits eine Attraktion. Im Stil amerikanischer Diner der 1950er-Jahre gehalten, fühlt man sich an Roadtrips durch die USA erinnert. Übrigens entwickelten sich die Diner Ende des 19. Jahrhunderts aus ausrangierten Speisewagen der Eisenbahn. Daher auch ihr Name: »Diner cars« bedeutet übersetzt »Speisewagen«. Das typische Diner-Mobiliar mit viel Edelstahl, Neonreklamen, Kunstledersitzen und plastikbeschichteten Tischen ist einfach Kult. Im FBI Diner sitzt man auf blau-gelben Kunstledersitzen. Und der Hit: Nach dem Essen gibt's bunte Jelly Beans für alle!

TIPP: In der nahe gelegenen Freizeit Arena Rottenburg fordert Pagi's Island die kleineren Kids zum Toben und Hüpfen heraus, und die mutigeren schrecken im 3-D-Schwarzlicht-Minigolf vor Drachen und Dinos nicht zurück.

Adresse Schuhstraße 72, 72108 Rottenburg am Neckar, www.fbi-diner.de // **ÖPNV** Bus 18, Haltestelle Friedhof Sülchen, von dort ca. 11 Minuten Fußweg // **Öffnungszeiten** Mo, Do – Sa 17 – 23 Uhr, So 12 – 22 Uhr // ab 5 Jahre

24_DIE GRUFT

Irmhild und Grimwolf auf der Spur

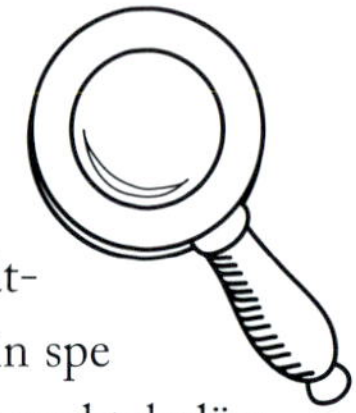

Bereit für dunkle, geheimnisvolle Orte, die unter einer Kirche schlummern? Bereit zum Entschlüsseln von Rätseln längst vergangener Zeiten? Kleine Archäologen in spe sind hier extrem gefordert. Aus unscheinbaren Details spektakuläre Schlüsse ziehen, das ist genau das Richtige für Zeitdetektive.

Unter der Sülchenkirche in Rottenburg wurden bei Grabungen an die 80 Gräber aus dem 6. und 7. Jahrhundert nach Christus entdeckt, die Einblicke in das Leben der Menschen im frühen Mittelalter und zur Zeit der Christianisierung in Südwestdeutschland geben. Quasi Gucklöcher in vergangene Zeiten. Darunter ist das Grab eines 14-jährigen Mädchens, nennen wir es Irmhild, mit dem Karfunkelstein. Ein anderes Mädchen hatte ein Radkreuz am Gürtelgehänge und eine Goldmünze auf ihrem Kinn. Konnte man sich hier noch nicht so richtig zwischen Christen- und Heidentum entscheiden? Das Kreuz könnte bereits ein christliches Symbol sein, aber die Goldmünze auf dem Kinn wird als Fährmannspfennig gedeutet. Für die Reise ins Jenseits brauchte man den Fährmann Charon, und der arbeitete leider nicht umsonst. Und was hat es mit dem Grab eines zehnjährigen Jungen auf sich, der mit Kurz- und Langschwert ausgestattet wurde? Und wer war Grimwolf? Auf jeden Fall ein Reiter.

Richtig spannende Führungen mit archäologischer Praxis lassen ein Indiana-Jones-Feeling aufkommen. Kurz gesagt: eine Top-Location für kleine und große Zeitdetektive!

Adresse Sülchenkirche, Sülchenstraße (beim Sülchenfriedhof), 72108 Rottenburg am Neckar, www.dioezesanmuseum-rottenburg.de // ÖPNV Bus 18, Haltestelle Rottenburg Friedhof Sülchen // Öffnungszeiten Bischofsgruft und Oberkirche: Do–Di 9–18 Uhr, Mi 12–18 Uhr; öffentliche Führungen So 14.30 Uhr; musealer Teil der Sülchenkirche nur mit Führung zugänglich, Anfragen für Kinder- und Jugendführungen unter Tel. 07472/922180 oder per E-Mail an museum@bo.drs.de // ab 12 Jahre

TIPP: Lust auf eine Runde Minigolf auf dem Platz bei der Rottenburger Festhalle?

25_DIE KUNSTGASSE

Farbenpracht aus Ei und Purpurschnecken

Von wegen Farben aus der Tube! Bevor im Mittelalter überhaupt Kunstwerke entstehen konnten, mussten die Farben erst mal selbst hergestellt werden. Damals waren die Künstler ganz schön erfinderisch und experimentierfreudig. Wie kam Maria zu ihrem leuchtend blauen Mantel? Dafür sorgte zum Beispiel Ultramarin, das aus dem Mineral Lapislazuli hergestellt wurde. Und das kam aus dem heutigen Afghanistan, also von sehr weit her, deswegen war es auch so teuer wie Gold. Aus diesem Grund bekam auch nur Maria so einen schönen blauen Mantel. Ei als Bindemittel benötigte man zudem, damit die einzelnen Farbpulverpigmente zusammen- und auf dem Untergrund hielten. Und so richtig schönes Rot ließ sich super aus Schildläusen herstellen.

TIPP: Nach der kreativen Arbeit kann man sich eine der vielen köstlichen Eissorten der Eisdiele Rino am Marktplatz aussuchen. Auch für Hunde gibt es dort etwas zum Schlecken: Leberwursteis!

Das alles und noch viel mehr erfährt man in der 2021 eröffneten KunstGasse, der Werkstatt zum kreativen Arbeiten des Diözesanmuseums Rottenburg, außerdem darf man vieles sogar mit eigenen Händen ausprobieren. Nach spannenden Führungen für Kinder und Jugendliche wird hier passend zu den jeweiligen Themen der Ausstellungen gemalt, gebastelt und gestaltet. Mal geht es um die Meisterwerke des Diözesanmuseums, mal um Mode im Mittelalter, mal werden Ostern und Weihnachten ins Bild gesetzt. Kinder können hier Kindergeburtstage feiern und ihre Werke stolz an die Filzwand der KunstGasse pinnen oder mit nach Hause nehmen.

Adresse Eingang links neben der Theo-Buchhandlung, Karmeliterstraße 2, 72108 Rottenburg am Neckar, www.dioezesanmuseum-rottenburg.de // **ÖPNV** Bus 18, Haltestelle Eugen-Bolz-Platz, von dort ca. 5 Minuten Fußweg // **Öffnungszeiten** Infos zu Führungen und Workshops siehe Website // ab Kindergartenalter

26_DAS OLD HAMBURG

Schiff ahoi in Schwaben

Nein, man muss nicht erst bis zum Hamburger Hafen fahren und eine lange Reise auf sich nehmen. Schiffe gucken kann man schon in Rottenburg – im Old Hamburg. Ein Segelschiff nach dem anderen wartet darauf, bestaunt zu werden. Wie war das gleich? Knoten, Backbord, Steuerbord? Das alles kann man sich genau erklären lassen, falls es die kleinen Schiffsabenteurer nicht sowieso schon längst wissen.

Jürgen Zeeb hat seine Marinebegeisterung seit seiner Zeit auf dem Versorgungsschiff Dithmarschen in den 1960er Jahren nicht mehr losgelassen. Seine Sammlung mit über 150 Modellschiffen kann seit 2018 besichtigt werden. Da gibt es Wikingerschiffe, Koggen, Walfängerschiffe, Schaufelraddampfer, Schlepper und als absolute Highlights das Viermastsegelschiff »Pamir«, das 1957 bei einem Hurrikan vor den Azoren gesunken ist, sowie das berühmte Segelschulschiff »Gorch Fock«. Daneben finden sich viele weitere interessante maritime Schaustücke wie Kompasse, Krängungsmesser und Knotenmessgeräte, außerdem ein riesiges Steuerrad von einem Segelschiff, Signalflaggen, Typhone und Bootsmannsmaatenpfeifen – das sind Signalpfeifen zur Weitergabe von Kommandos – oder ein Maschinentelegraf, der die Kommandos von der Kommandobrücke in den Maschinenraum überträgt: Volle Fahrt voraus!

Und das Tolle daran ist, dass es hier keine Absperrbänder gibt, alles zugänglich ist und Kinder vorsichtig auch mal etwas anfassen dürfen. Und im dazugehörigen Café Antik können die Eltern eine schöne Pause bei Kaffee und Kuchen einlegen.

Adresse Königstraße 67, 72108 Rottenburg am Neckar, www.old-hamburg.com // ÖPNV Bus 18, Haltestelle Sülchenstraße, von dort ca. 2 Minuten Fußweg // Öffnungszeiten täglich 15–18 Uhr, für Gruppen nach Vereinbarung unter Tel. 0171/9570174 oder per E-Mail an info@oldhamburg-rottenburg.com // ab 4 Jahre

TIPP: Um die neuen Inspirationen gleich mal in Taten umzusetzen, bietet sich der kleine Schiffsspielplatz am Deichelweiher an. Er befindet sich am gegenüberliegenden Neckarufer.

27_DAS RÖMISCHE STADTMUSEUM

32 Meter Klositze

Wo waren die alten Römer nicht überall – sogar bis nach Rottenburg haben sie es geschafft. Damals hieß es Sumelocenna und gehörte rund 150 Jahre lang zum Imperium Romanum. Eine stadtähnliche Siedlung entstand, mit allem, was dazugehörte: Stadtmauern mit Toren und Türmen, Thermen, Tempeln und Forum, Wohn- und Handwerkerviertel, Wasserleitung und Kanalisation.

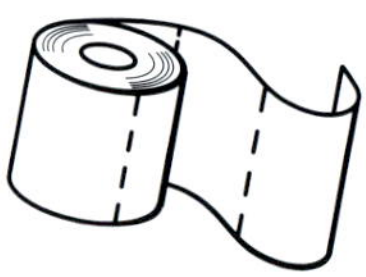

Und jetzt kommt's: Eine öffentliche Latrine aus dem späten 2. Jahrhundert nach Christus, die größte rechts des Rheins, ist super erhalten und befindet sich direkt unter einem Parkhaus. Wer sich jetzt eine Toilettenanlage mit einzeln abgetrennten Kabinen vorstellt – selbstverständlich abschließbar für eine dem Vorgang angemessene Privatsphäre –, der wird entsetzt sein. Nein, die Römer saßen hier unmittelbar nebeneinander und konnten während ihrer »Sitzung« auch noch ein Schwätzchen halten! Bisher wurden 32 Meter ausgegraben, die Latrine könnte also noch viel länger gewesen sein. 35 hölzerne Klosettbrillen waren über einem schmalen Abwasserkanal angebracht. Der führte direkt in den großen Kanal, die Cloaca Maxima, und dann ab in den Neckar! Interessant ist auch die Frischwasserrinne direkt am Boden vor der Sitzreihe – zum Eintauchen von Moosen und Putzschwämmen, das sorgte bestimmt für eine weichere Reinigung als manches Klopapier heute. Alltag einst und heute im Vergleich – genau das Richtige für kleine Nachwuchshistoriker. Für sie gibt es spannende Führungen mit Bilderquiz, Rallye oder praktischer Archäologie.

TIPP: Am Stadtgraben, nicht weit vom Museum entfernt, lockt ein Spielplatz mit Burg und Wasserspiel.

Adresse Stadtgraben (Parkhaus Museum), 72108 Rottenburg am Neckar, Tel. 07472/165371, www.rottenburg.de/sumelocenna, museen@rottenburg.de // **ÖPNV** Bus 18, 19, Haltestelle Eugen-Bolz-Platz, von dort ca. 2 Minuten Fußweg // **Öffnungszeiten** Di–Fr 10–12 und 14–16.30 Uhr, Sa, So, Feiertage 10–16.30 Uhr // Kindergeburtstage und Führungen ab 6 Jahre

28_DIE ALPAKAWELT

Die Teddys unter den Kamelen

Bei Alpakas funktioniert das Kindchenschema auf Anhieb. Große dunkle Kulleraugen und flauschiges Fell, kombiniert mit einer lustigen Haartolle, und schon sind alle hin und weg. Alpakas sind friedliebende Tiere, die eine gewisse Ruhe ausstrahlen. Beheimatet ursprünglich in den südamerikanischen Anden, wurden sie schon von den Inkas wegen ihrer Wolle gezüchtet. Die zu den feinsten Tierfasern der Welt zählende Alpakawolle galt als Vlies der Götter. Ihre Verwandten, die größeren Lamas, dienten dagegen als Lastentiere.

In der Alpakawelt Hertkorn werden Huacaya-Alpakas gezüchtet, die besonders gekräuselte Wollfasern aufweisen. Einmal im Jahr werden sie geschoren. Neben der Zucht stehen Trekkingtouren und Kindergeburtstage auf dem Programm. Wegen ihres sanftmütigen Charakters eignen sich Alpakas ausgezeichnet für tiergestützte Therapien. Die Tiere versuchen sich ihrem Gegenüber anzupassen oder suchen sich ihr passendes Gegenüber. Echt spannend!

Ein tolles Erlebnis für Klein und Groß sind Touren mit den Alpakas. Beim Kindergeburtstag erfahren die jungen Teilnehmer Interessantes über die Tiere, lernen, wie man sie hält und anleitet. Immer zwei Kinder dürfen dann draußen mit einem Alpaka laufen. Stolz nehmen sie zum Schluss ihren Alpakaführerschein entgegen. Selbst eher ängstliche Kinder, die vielleicht zuerst nur zugucken wollten, werden schließlich den entspannten Tieren vertrauen und ein Alpaka führen.

TIPP: Vieles über die heimische Flora und Fauna sowie die Welt der Kleintierzüchter erfährt man auf dem am Ortsrand Richtung Eckenweiler beginnenden Naturparcour des Natur-, Vogelschutz- und Heimatvereins Ergenzingen. Immer dem Zeichen der Eule folgend, schließt sich ein circa vier Kilometer langer Rundweg entlang eines Biotops, Steinbruchs sowie Spiel- und Grillplatzes an.

Adresse Alpakawelt Hertkorn, Weitenburger Straße, 72108 Rottenburg-Eckenweiler, www.alpakawelt.com // **Anfahrt** B 28 über Rottenburg, dann über die L361 nach Seebronn und Ergenzingen nach Eckenweiler, dort links auf Weitinger Straße, danach rechts auf Weitenburger Straße // **Öffnungszeiten** Anfragen zu Touren und Kindergeburtstagen über die Website // Kindergeburtstage ab 1. Klasse, Trekkingtouren mit Begleitperson auch für jüngere Kinder

29_DIE EISRUTSCHE

Bitte klingeln!

Jolina ist an diesem sonnigen Nachmittag im Katzenbachtal ziemlich beschäftigt. Es klingelt, sie tritt auf ihre Holzterrasse und nimmt Eis-Wünsche entgegen. Einmal Lutschfinger, bitte! Schwuppdiwupp steckt sie das gewünschte Eis in ein sieben Meter langes Plastikrohr, und ab geht's nach unten. Da zeigt sich, ob man beim Auffangen der Beute geschickt ist.

Diese geniale Idee kam Familie Katz in den Corona-Sommerferien 2020, als sie sich fragte, womit man Klein und Groß ein glückliches Lächeln auf das Gesicht zaubern könnte. Mit dieser einzigartigen Eisrutsche definitiv! Ihre Kids werden plötzlich jedes Wochenende wandern gehen wollen.

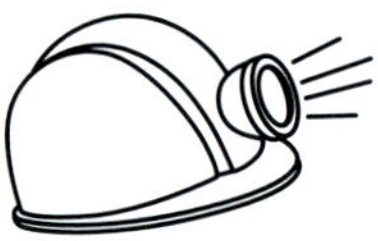

Man startet in Bad Niedernau am Kurpark. Entweder traut man den Kleinen den sechs Kilometer langen Premiumwanderweg Sieben-Täler-Runde zu, oder man kürzt ihn ab – durchs idyllische Katzenbachtal über die Sieben-Täler-Höhle bis zur Ziegelhütte und wieder zurück. Mit echtem Gänsehautfaktor verbunden ist ein Blick oder – für ganz Mutige – ein Gang in die 207 Meter lange, sehr niedrige Sieben-Täler-Höhle. Sie ist zwischen 16. April und 14. November mit Helm und Taschenlampe begehbar.

Ebenso spektakulär ist auf dem Rückweg die Durchquerung der Wolfsschlucht, wozu allerdings absolute Trittsicherheit erforderlich ist. Eins ist klar: Bei dieser Wanderung ist alles dabei, was Kindern Spaß macht: Höhle, Schlucht und Eis!

Adresse Katzenbach 5, 72108 Rottenburg-Weiler // Anfahrt B 28 bis Rottenburg, auf der L370 nach Bad Niedernau, dann auf der Badstraße bis zum Parkplatz am Kurpark Bad Niedernau fahren oder auf dem Parkplatz Hasenkreuz in Rottenburg-Weiler parken (beide kostenfrei) // Öffnungszeiten Frühjahr – Herbst bei gutem Wetter, So ab 13 Uhr Wahrscheinlichkeit am größten, manchmal auch Sa // ab 1 Jahr, Höhle und Schlucht ab 6 Jahre

TIPP: Falls die Eisrutsche nicht in Betrieb sein sollte, kann beim Wanderparkplatz Kurpark Bad Niedernau im Restaurant im Schützenhaus ein Eis gegessen werden. Und wenn die Fahne auf dem Turm weht, ist die Weiler Burg geöffnet. Dort gibt es Getränke und rote Wurst zum Selbstgrillen und für Kids ein »Hasenbrot«.

30_DER MÄRCHENSEE

Über Nacht war er da

Die perfekte Kulisse für den Froschkönig. Ein grüner Teppich aus Wasserlinsen überzieht den kleinen See, der im Jahre 1826 ganz märchenhaft über Nacht nach einem starken Gewitterregen und Grundwasserstau entstanden sein soll. Entlang dieses idyllischen Waldsees führt ein Rundweg, der mit weiteren geologischen Besonderheiten aufwarten kann, zum Beispiel einem aufgelassenen Steinbruch, in dem bis Ende der 1960er Jahre Wendelsheimer Schilfsandstein abgebaut wurde. Auf mehreren hundert Meter Länge ragen die bis zu fünf Meter hohen Wände der Abbruchkante des Steinbruchs mit deutlich erkennbaren Schichten auf. Haben hier etwa Riesen mit Bauklötzen gespielt? Natürlich nicht, denn das Gestein entstand vor rund 223 Millionen Jahren durch Ablagerungen eines ausgedehnten Flusssystems, das von Norwegen bis zur heutigen Provence reichte.

Kindern macht es riesig Spaß, wie kleine Abenteurer am Steinbruch entlangzulaufen, der an manchen Stellen sehr schmal wird, kleine, abgesprengte Steinchen zu Türmen zu stapeln oder nach Gelbbauchunken und Smaragdeidechsen Ausschau zu halten. Diese bitte nicht stören! Läuft man den Rundweg dieses Naturdenkmals ganz ab, wird man mit einem wunderbaren Aussichtspunkt am südlichen Hang des Pfaffenbergs belohnt, der einen tollen Weitblick auf das Neckartal und die Schwäbische Alb bietet. Und super zum Rasten ist ein Grillplatz mit Tischen, Bänken und Erdhügeln, auf denen man wunderbar klettern und auf dem Hosenboden herunterrutschen kann. Also Würstchen und ausrangierte Hosen einpacken!

Adresse Start: Parkplatz Grundschule Wendelsheim, Steinbruchstraße 20, 72108 Rottenburg-Wendelsheim // **ÖPNV** Bus 18, Haltestelle Wendelsheim Adlerplatz, von dort 7 Minuten Fußweg bis zum Parkplatz Grundschule, dort der Beschilderung Märchensee/Steinbruch folgen // **Öffnungszeiten** immer zugänglich // ab 4 Jahre

TIPP: Wer das Thema Märchen vertiefen möchte, wandert von der Grillstelle aus Richtung Oberndorf. Auf der Strecke dorthin befinden sich am Wegesrand Märchentafeln.

31_DER 3 IN ONE BEWEGUNGSPARK

Action unter der Brücke

Zu einem echten Hotspot für Bewegungsakrobaten hat sich die bis vor Kurzem noch triste Betonwüste unter der Brücke des Schlossbergtunnels verwandelt. Gleich drei Funsport-Anlagen sorgen bei Kindern, Jugendlichen und Erwachsenen für berauschende Flow-Gefühle. Mitmachen, sich austesten oder einfach gucken – für alle Altersgruppen ist etwas geboten. Kids ab 8 Jahre können hier ihre Fahrkünste mit ihren Mountainbikes, BMX-Rädern oder Dirtbikes auf dem asphaltierten Pumptrack zum Besten geben. Beim Parkour werden Klettermaxe herausgefordert, und die Skaterszene zeigt ihre Tricks und Figuren im Skatepark wettergeschützt unter der Brücke. Flips, Grabs, Slides, Grinds und Ollies – eine Welt für sich! Selbst die Jüngsten kommen aus dem Staunen nicht mehr heraus und bewundern vom Besucherbänkchen aus die gewagten Sprünge der Großen.

Eigentlich müsste man sogar von »4 in One« sprechen, denn ein Ausweich-Piratenspielplatz – der alte ruht gerade aufgrund der Umgestaltung des Anlagensees und Europaplatzes – hat sein Plätzchen in unmittelbarer Nähe bezogen. Einiges vom alten Piratenspielplatz wurde wiederverwendet. Jetzt haben hier endlich auch die kleineren Kids Abenteuerliches zum Klettern und Balancieren.

Die Wege dorthin, sowohl vom Wildermuth-Gymnasium als auch vom Freibad aus, sind asphaltiert und eben und lassen sich sehr gut mit allen fahrbaren Kinderuntersätzen meistern.

TIPP: Wer im Sommer noch eine Abkühlung benötigt, findet diese im tollen Tübinger Freibad mit einer 85 Meter langen Riesenrutsche, vier Becken und einem großen Park mit Sportanlagen samt Slacklines, Barfußpfad und Sandinsel.

Adresse Jahnallee unter der B 28-Brücke, 72072 Tübingen // **ÖPNV** Bus 1–13, 15–23, Haltestelle Hauptbahnhof, von dort ca. 11 Minuten Fußweg // **Öffnungszeiten** Skatepark: Mo–Sa 8–20 Uhr, Scooter nur bis 16 Uhr; Parkour und Pumptrack: täglich 8–22 Uhr // ab 8 Jahre, Spielplatz ab 0 Jahre

32_AL FARBRICA

Wer hat von meinem Tellerchen gegessen?

Seine eigenen Tassen im Schrank zu haben, das hat noch niemandem geschadet. Aber wenn diese von den Kids selbst bemalt wurden, dann sind das ganz besondere Schätze, die wie ein Augapfel gehütet werden. Mit einer bunt dekorierten Müslischale oder einem phantasievoll gestalteten Teller macht das Frühstücken den Kindern einfach viel mehr Spaß.

Also nichts wie hin zu »al farbrica« in der Bachgasse 24! Das Prozedere ist ganz einfach: Man sucht sich einen Keramik-Rohling aus und bekommt von Ursula und Rosa erklärt, wie alles funktioniert – samt Techniken und vielen Inspirationen. Schnell die passenden Farben auswählen, und schon kann's losgehen. So entstehen mit Hilfe von Stempeln, Schablonen, Siebdruckmustern oder Strohhalmblubberblasen entzückende Motive, von der zarten Pusteblume bis hin zum verschlungenen Oktopus. Zum Schluss werden Tellerchen und Tassen mit einer Glasur überzogen und gebrannt.

Egal ob gestempelt, gekratzt oder frei gemalt: Das Tolle ist, dass sich schon beim allerersten Mal ein Erfolgserlebnis einstellt. Und niemand kommt mehr auf die Idee, von meinem Tellerchen zu naschen. Oder jetzt erst recht?

Übrigens kann man hier auch Kindergeburtstage feiern. So eine Farbenparty macht allen Spaß, und diese Bastelei landet definitiv nicht im Müll. Ursula ist wichtig, dass die Schälchen und Teller jeden Tag benutzt werden können. Auch Eltern und Großeltern werden davon entzückt sein. Vielleicht wollen sie ja gleich mitmachen?

Adresse Bachgasse 24, 72070 Tübingen, www.al-farbrica.de // ÖPNV Bus 1–9, 11–13, 16–19, 21, 23, 826, 828, Haltestelle Stadtgraben, von dort 2 Minuten Fußweg // Öffnungszeiten Di–Fr 10–18 Uhr, Sa 10–16 Uhr; Anmeldung unter Tel. 07071/8597737 oder per E-Mail an info@al-farbrica.de // ab 7 Jahre, jüngere Kinder in Begleitung von Erwachsenen

TIPP: Wenn der Hunger nach dem kreativen Arbeiten zu groß geworden ist, kommt ein Besuch des winzigen Ladens in der Froschgasse mit »Backwaren vom Vortag« gerade recht. Da gibt es Leckeres zum ganz kleinen Preis.

33_ALTE KULTUREN IM SCHLOSS

Nachts im Museum

Bereits der Gang hinauf ins Schloss Hohentübingen macht neugierig auf vergangene Zeiten. Am prunkvollen Unteren Schlossportal grüßt die antike Götterwelt, dahinter folgt das gewaltige Renaissanceschloss. Dort wird heute studiert, und das Museum für Alte Kulturen zeigt mit rund 4.600 Exponaten einzigartige Schätze der riesigen Universitätssammlung. Da ist definitiv für jeden etwas dabei!

Für Kids gibt es zahlreiche spannende Führungen und Kurse. Wer möchte sich auf die Suche nach dem Schlossgespenst begeben? Und wie wäre es mit »Nachts im Museum«, wenn die Exponate im Dunkeln zum Leben erweckt werden? Die Taschenlampen auf Highlights gerichtet, kann man sich gut vorstellen, wie Steinzeitjäger vor 40.000 Jahren die ältesten Kunstwerke der Welt, Wildpferd, Mammut oder Löwen, aus Mammutelfenbein geschnitzt haben. In der Ägyptischen Sammlung gesellt sich ein gewisser Gruselfaktor dazu. Man betritt die einst neben der Cheopspyramide befindliche ägyptische Opferkammer von Seschemnefer III., einem hohen Beamten des Alten Ägypten, oder steht vor den Särgen der Taditjaina, die mit Darstellungen des ägyptischen Totengerichts bemalt sind. Auch die Abgüsse antiker Skulpturen scheinen lebendig zu werden. Gelingt es Herakles mit Hilfe antiker Götter, Hydra zu bezwingen? Spannender kann Kulturgeschichte kaum erlebt werden!

Auf eigene Faust lässt sich das Museum ebenso prima mit einer speziellen Audioguide-Tour für Kids oder einem Zeitreise-Quiz erkunden. »Sonntags um 3« finden Führungen statt.

TIPP: Mitten im Schlossinnenhof befindet sich der monumentale Marmorkopf von Kaiser Augustus, ein obligatorischer Selfiepoint. Man kann einfach nicht anders, als ihm einmal mit dem Finger in die Nase und die Ohren zu bohren.

Adresse Museum der Universität Tübingen MUT, Sammlungen im Schloss Hohentübingen, Burgsteige 11, 72070 Tübingen, www.unimuseum.de // ÖPNV Bus 1–13, 16–19, 21–23, Haltestelle Neckarbrücke, von dort ca. 8 Minuten Fußweg // Öffnungszeiten Mi, Fr–So 10–17 Uhr, Do 10–19 Uhr; Anmeldung zu Führungen und Workshops per E-Mail an museum@uni-tuebingen.de; barrierefrei // ab 5 Jahre

34_AM AMMERZONAS

Mehr als nur nasse Füße

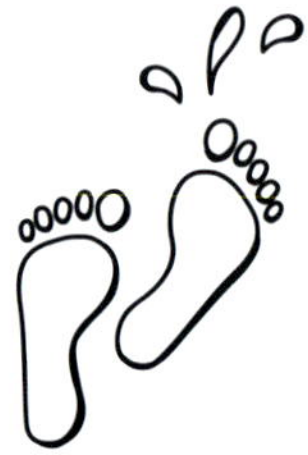

Tübingen ist eigentlich eine Drei-Flüsse-Stadt. Den Neckar hat jeder auf dem Schirm, aber die Steinlach und die Ammer werden oft übersehen. Die Ammer, die nach ihrer 22,5 Kilometer langen Reise von Herrenberg schlussendlich in Lustnau im Neckar landet, wurde im Tübinger Westen auf einem längeren Abschnitt renaturiert. Sie mäandert gemächlich vor sich hin, das Ufer ist begehbar, ein kleines Inselchen ist entstanden, man kann auf Steinen sitzen. Und schon verlockt sie Kinder und Erwachsene dazu, die Füße ins Wasser zu strecken, sie zu durchwaten, an heißen Sommertagen eine erfrischende Abkühlung in ihr zu suchen. Die besten Stellen dafür liegen zwischen der Rappstraße und der Sindelfinger Straße.

Für Kids genauso verlockend ist der Spielplatz an der Ammer. Hier gibt es selbst für die Größeren viel zu klettern. Und sich im Fass schwindelig drehen zu lassen oder an der Drehwippe in der Luft zu hängen, macht sowieso gigantisch viel Spaß. Einziges Manko: Im Sommer gibt es hier keinen Schatten. Gleich nebenan findet man ein paar Calisthenics-Fitnessgeräte, eine Tischtennisplatte sowie einen Bücherschrank.

Wer seinen Kids den Unterschied zwischen einem kanalisierten und einem renaturierten Fluss zeigen möchte, spaziert von der Rappstraße über die Jesingerstraße und die Belthlestraße zur idyllischen Pfizerstraße. Hier verläuft ein kurzer Weg an alten Gartenhäuschen direkt an der Ammer entlang.

Adresse Ammer zwischen Rappstraße und Sindelfinger Straße, 72070 Tübingen // **ÖPNV** Bus 9, 11, 12, Haltestelle Weberstraße, von dort 3 Minuten Fußweg; Bus 8, 14, 16, Haltestelle Rappstraße, von dort 2 Minuten Fußweg // **Öffnungszeiten** immer zugänglich // ab 1 Jahr

TIPP: Wer mehr Schatten braucht, kann den Spielplatz bei der Aischbachschule aufsuchen. Röhrenrutsche, Wasserspiel und Klettermöglichkeiten sind vorhanden.

35_BEI DEN RÖMERGRÄBERN

Spielen und buddeln auf Gräbern?

Ein Spielplatz auf Römergräbern, das hört sich im ersten Moment befremdlich an. Der Name führt zunächst sogar auf eine falsche Fährte, denn hier gab es nie Gräber aus der Römerzeit, sondern nur welche von ihren Vorgängern in unseren Gefilden – den Kelten. Wer genau hinsieht, entdeckt an manchen Stellen noch kleine kreisförmige Erhebungen, Reste hallstattzeitlicher Grabhügel. Einst sollen es über 45 gewesen sein, die alle aus der Zeit um 750 bis 500 vor Christus stammen. Die hat man schon im 19. und 20. Jahrhundert ausgebuddelt und dabei erstaunliche Grabbeigaben wie Schmuck, Reste eines Wagens, Pfeilspitzen, Dolche und sogar ein Schwert ans Licht befördert. Für kleine Indiana-Jones-Nachfolger kann das nur eines bedeuten: Augen auf und Blick über das Gelände schweifen lassen! Wer erkennt die Spuren im Gelände? Wer findet die meisten Grabhügel? Tipp: Manche sind auch im Wald versteckt.

TIPP: Direkt am Spielplatz führt der 4,2 Kilometer lange Rundweg »Vom Keltengrab zum Wolkenkratzer« vorbei. Bei dieser Tour erfährt man Spannendes zur Geschichte von Waldhäuser-Ost und Waldhausen.

Natürlich kann man auf dem Spielplatz, der ein bisschen in die Jahre gekommen ist, auch klettern, schaukeln und im Sand buddeln. Ein Rasenfußballplatz lädt zum Kicken ein, und vom schönen Aussichtspunkt hat man einen tollen Blick auf den Österberg und die Schwäbische Alb. Und genügend Platz für ein Picknick im Grünen gibt es auch.

Und wenn es denn mal wieder schneien sollte im Winter, kann man auf dem kleinen angrenzenden Schlittenhang rodeln.

Adresse 72076 Tübingen // **ÖPNV** Bus 2–6, Haltestelle WHO Ahornweg, von dort ca. 3 Minuten Fußweg // **Öffnungszeiten** immer zugänglich // für jedes Alter

36_DIE BIBER IM AMMERTAL

Wo sich Meister Bockert niederließ

Biegt man vom Schwärzlocher Hof kommend hinter der Kiliansbrücke rechter Hand in einen kleinen Trampelpfad ein, der direkt an der Ammer Richtung Stadt führt, betritt man Biberland. Um die Enttäuschung gleich vorwegzunehmen: Einen Biber zu sichten wird schwer werden! Die sind nämlich dämmerungs- und nachtaktiv, scheu und tauchen blitzschnell ab.

Im Winter stellt das größte Nagetier Europas – es kann mit bis zu 130 Zentimetern inklusive Biberkelle echt groß werden – seine Hauptmahlzeit auf Baumrinde um. Das ist die beste Jahreszeit für Wildlife-Kids, um seine Spuren zu entdecken, bevor die Uferzone wieder dicht zugewachsen ist. Könnte da drüben eine Biberrutsche sein? Das sind Uferstellen, die kahl geworden sind, weil der Biber sie immer wieder nutzt, um ans Ufer und schnell wieder zurück ins Wasser zu kommen. Also hier hat er eindeutig genagt! Man kann die Abdrücke seiner Zähne an den zum Teil umgestürzten Bäumen erkennen. Am liebsten mag er Weichhölzer wie Weiden. Super für seine Zahnpflege!

Wer noch mehr über diesen einmaligen Baumeister unter den Säugetieren erfahren möchte, der Gehölze fällen und Dämme, Röhren und Burgen bauen kann, dem seien die spannenden Exkursionen mit ehrenamtlichen Biberbeauftragten empfohlen. Mitte des 19. Jahrhunderts ausgerottet, gibt es im Landkreis Tübingen mittlerweile wieder ungefähr 15 bis 20 Biberreviere mit etwa 70 Tieren. Und eines davon liegt unmittelbar vor den Toren Tübingens!

TIPP: Spaziert man Richtung Ammerhof, trifft man unterhalb des Hofes auf die Stelle, an der der Ammerkanal, der später durch Tübingens Altstadt plätschert, von der Ammer abgezweigt wird.

Adresse Kiliansbrücke unterhalb des Schwärzlocher Hofes, 72070 Tübingen; Koordinaten 48°31'13.9"N 9°01'24.0"E // **ÖPNV** Bus 11, 12, Haltestelle Weststadt, danach ca. 7 Minuten Fußweg zur Brücke, dann immer am linken Ufer der Ammer entlang bis zum Weilerbach // **Öffnungszeiten** immer zugänglich; Anfragen zu Führungen mit dem ehrenamtlichen Biberbeauftragten des Landratsamtes Tübingen Udo Dubnitzki unter Tel. 0177/8013488 // ab 6 Jahre

37_DER BOTANISCHE GARTEN

Dschungel-Feeling mit Wasserspielen

Nichts wie hinein in die grüne Oase des Botanischen Gartens! Auf 10 Hektar tummeln sich an die 10.000 Pflanzenarten aus der ganzen Welt. Im Tropicarium ist es feucht und warm. Riesige Bananenblätter streben zum Licht, Mimosen warten auf Streicheleinheiten. Nimmt man die Wendeltreppe nach oben, steht man in den Baumwipfeln des tropischen Regenwaldes. Von der hohen Luftfeuchtigkeit erholen lässt es sich im trocken-heißen Sukkulentenhaus. Für Kakteenfreunde ein wahrer Augenschmaus.

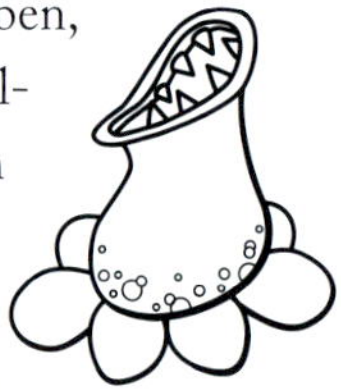

Im Außenbereich gibt es Seerosenteiche mit vielen Kaulquappen im Frühling, auf Brücken und Pfaden lässt es sich genüsslich durch das verwunschene Rhododendrontal spazieren. Bambushaine säumen den Weg, Lotusblumen zeigen ihren »Special Effect«, fleischfressende Pflanzen schnappen zu – zu jeder Jahreszeit gibt es Spannendes zu entdecken. An heißen Tagen kommt man sogar in den Genuss einer spritzigen Abkühlung, wenn die Wassersprinkler den großen Durst der Pflanzen löschen.

TIPP: Auf der eineinhalb Hektar großen Magerwiese am Luise-Wetzel-Weg finden sich über 260 Pflanzenarten, oft weiden hier auch Schafe.

Für junge Botaniker, die es genauer wissen wollen, gibt's in der Grünen Werkstatt allerhand Input: Führungen, Werkstattangebote und Rallyes. Wie wäre es mit einer nächtlichen Taschenlampen-Expedition durchs Tropicarium?

Wer sich auf eigene Faust auf botanische Entdeckungsreise begeben möchte, dem sei die Schatzsuche im Arboretum empfohlen, die sich auch perfekt für Kindergeburtstage eignet. Wer die Pflanzenrätsel löst, schafft es bestimmt, die Codes der drei goldenen Schlösser der Schatzkiste zu knacken. Bereit?

Adresse Haupteingang: Auf der Morgenstelle (neben Nr. 5), 72076 Tübingen, www.botgarten.uni-tuebingen.de // **ÖPNV** Bus 5, 13, 17, Haltestelle Botanischer Garten, von dort ca. 3 Minuten Fußweg // **Öffnungszeiten** Mo–Fr 7.30–16.30 Uhr (Gewächshäuser ab 8 Uhr), Sa, So und Feiertage 8–16.30 Uhr (Gewächshäuser ab 10 Uhr); Anfragen zur Grünen Werkstatt per E-Mail an gruenewerkstatt@botgarten.uni-tuebingen.de // ab 3 Jahre, Angebote ab 6 Jahre

38_DAS BOXENSTOP MUSEUM

Krokodil, Weiße Maus und Käfer geben Gas

Dieser Stopp wird garantiert ziemlich lange dauern. Denn das Boxenstop Museum bietet eine unschlagbare Mischung aus einzigartigen Objekten, die die ganze Familie sofort begeistern werden. Für Mobilitätsenthusiasten ist enorm viel geboten: Rund 80 historische Fahr-und Motorräder, Sport- und Rennwagen, der Dragster »Muggabätscher«, die wunderbare Miniaturwelt der Modelleisenbahnen und rauchende Dampfmaschinen warten auf Entdecker. Und Freunde von Spielsachen können sich dem Zauber alter Puppenstuben, Kaufmannsläden und Automaten nicht entziehen. Jedes Familienmitglied wird gebannt an seinem Lieblingsexponat hängen bleiben.

An den Tischen des Bistros Büssinghalle werden selbst die Kinder etwas länger sitzen wollen, dreht doch auf Knopfdruck eine Miniaturmodelleisenbahn direkt unter der Tischplatte ihre Runden, und Radrennfahrer treten mächtig in die Pedale.

Es gibt keine lästigen Absperrungen, trotzdem geht keine Gefahr von den über 60 Schweizer Krokodilen aus. Sie zogen einst als stärkste Lokomotiven der Schweizer Bahnen schwere Güterzüge über den Gotthard. Und die Weiße Maus beißt nicht, aber sie war seinerzeit die schnellste: Der Stromlinienrennwagen der Marke Llyod hat 1954/1955 zahlreiche Weltrekorde gebrochen – ein absolutes Unikat!

Auch bei Kindergeburtstagen geht es hier schnittig zu: Wer möchte einmal in einem echten Rennwagen sitzen? Viele regelmäßige Events wie der Dampftag und die Modelleisenbahnschauen laden zum Wiederkommen ein.

TIPP: Hinter dem Boxenstop führt der Wilhelm-Schussen-Weg auf den Österberg. Dort vermitteln die prächtigen Studentenverbindungshäuser im Stil der Burgenromantik ein gewisses Hogwarts-Feeling mitten in Tübingen.

Adresse Brunnenstraße 18, 72074 Tübingen, www.boxenstop-tuebingen.de // ÖPNV Bus 1–4, 6, 7, 17, 21, 23, Haltestelle Uni/Neue Aula, von dort ca. 3 Minuten Fußweg // Öffnungszeiten Mi–Fr 10–12 und 14–17 Uhr, Sa, So und Feiertage 10–17 Uhr // ab 3 Jahre

39_DAS COYOTE CAFE

Zugeinfahrt mit Burger

Seit 1910 flitzt ein schmuckes rotes Züglein durch das Ammertal und verbindet Tübingen mit Herrenberg. Allerdings lief beim Bau nicht alles ganz reibungslos ab. Man hatte mit dem sumpfigen Untergrund des Ammertals zu kämpfen – an einer Stelle mussten 13 Meter lange Eichenstämme in den Boden getrieben werden. Und den Bürgern hat es nicht gepasst, dass einige ihrer schönen Alleenabschnitte den Bahngleisen weichen mussten. Das Ganze ging als »Tübinger Alleenstreit« in die Annalen der Stadtgeschichte ein.

Aber gebaut wurde die Ammertalbahn trotzdem – samt Westbahnhof. Dort hat mittlerweile das Coyote Cafe mit einem lauschigen Kastanienbiergarten Stellung bezogen. In der gelungenen Mischung aus American Restaurant, Cocktailbar und Musikcafé wird man auf amerikanisch-mexikanische Art kulinarisch verwöhnt – mit leckeren Burgern, Sandwiches, Steaks, Nachos, Burritos und Fajitas.

Perfektes Essen auch für Trainspotter-Kids. Während man genüsslich an seinen Crunchy Chicken Fingers knabbert, einen alkoholfreien Coconut Kiss schlürft und es sich in einem nachgebauten Vintage-Zugabteil gemütlich macht, kann man jede halbe Stunde die Zugeinfahrt der Ammertalbahn in den Westbahnhof direkt vom Café aus beobachten. Wetten, dass zu Hause hinterher kräftig an der Spielzeugeisenbahn weitergewerkelt wird?

Momentan wird die Ammertalbahn für die Zukunft fit gemacht. Die Strecke wird elektrifiziert und zweigleisig ausgebaut. Dann kann man den roten Flitzer noch öfter durch das Ammertal rauschen sehen.

Adresse Schleifmühleweg 95, 72070 Tübingen, www.coyote.de // ÖPNV Bus 11, 12, 14, Haltestelle Westbahnhof // Öffnungszeiten So–Do 11–23 Uhr, Fr 11–24 Uhr, Sa 14–24 Uhr // ab 4 Jahre

TIPP: Nicht weit entfernt, an der Sindelfinger Straße, befindet sich eine kleine Skateranlage, und manchmal macht dort auch das Ludomobil Station.

40_DIE DIRT-BIKE-LINE

Sprünge und Wellen Marke Eigenbau

In der Geschwister-Scholl-Schule wird Sport großgeschrieben. Sportprofile prägen den Schulalltag, dementsprechend ist auch der Schulhof gestaltet: Kunstrasenplatz, Basketball-, Beachvolleyball- und Minispielfeld, Kletter- und Balancierparcours, Outdoorfitnessgeräte, alles da – aber das haben andere Schulen vielleicht auch.

Am Rand des Schulgeländes stößt man jedoch auf eine Dirt-Bike-Line mit Wellen, Steilkurven und Sprüngen. Das Besondere daran: Sie ist der kreativen Eigenleistung von Schülern, Lehrern und Eltern zu verdanken, die für den Bau den Beachfeld-Aushub von nebenan genutzt haben, und das in unzähligen Stunden Arbeit nach der Schule. Jugendliche optimieren sie nach ihren Wünschen immer wieder aufs Neue. Mit ihren Mountainbikes, BMX-Rädern oder Dirtbikes werden so lange Tricks in der Luft trainiert, bis der Barspin perfekt sitzt!

Man muss kein Profi sein, es macht den Kids einfach tierischen Spaß, auf und ab zu fahren, Steilkurven zu nehmen und zu schanzen. Für jüngere Kinder ist das nicht unbedingt geeignet, man muss hier schon richtig gut Rad fahren können. Aber auch Zuschauen macht Laune. Und einen Ball oder eine Frisbeescheibe sollte man immer im Gepäck haben. Vielleicht ist das Mini-Fußballfeld gleich nebenan ausnahmsweise mal frei, und die Frisbeekörbe warten schon sehnsüchtig auf Futter. Schon mal Discgolf gespielt?

Adresse Geschwister-Scholl-Schule, Berliner Ring 33, 72076 Tübingen // **ÖPNV** Bus 3, 5, Haltestelle Waldhäuser Straße // **Öffnungszeiten** Sa 9–20 Uhr, So und Feiertage 10–12 und 14–20 Uhr; Nutzung des Pumptracks auf eigene Gefahr, keine zertifizierte, vom TÜV geprüfte oder abgenommene Strecke // ab 8 Jahre

TIPP: Wer einen sportlichen Wochenendausflug plant, könnte anschließend noch das nahe gelegene Holderfeld aufsuchen und dort kicken, Boule spielen oder bei American-Football-Partien inklusive Cheerleading zuschauen.

41_DR. ACULA

Blutsauger mitten unter uns

Wer hätte das gedacht? Man schlendert gemütlich die Münzgasse Richtung Stiftskirche entlang, und plötzlich bleibt der Blick auf einem Schild an einer unscheinbaren Tür haften. Dort steht tatsächlich mit schwarzen Lettern »Dr. Acula – Sprechstunde täglich 0:00 – 6:00 Uhr – Aderlass nach Vereinbarung«. Gruseliger könnte es gar nicht sein. Wohnt hier tatsächlich Graf Dracula und lechzt täglich nach frischem Blut? Treibt hier Bram Stokers Romanfigur ihr Unwesen? Vielleicht sollte man mal klingeln? Lieber nicht. Dass sich hier Studenten einen kleinen Spaß erlaubt haben, brauchen Sie Ihren Kindern ja nicht gleich zu erzählen.

Solche unerwarteten und geheimnisvollen Orte machen den besonderen Reiz einer Stadt aus. Die Phantasie der Kids läuft sofort auf Hochtouren. Also suchen und gehen wir noch ein bisschen weiter. An der Stiftskirche treffen wir auf ein weiteres rätselhaftes Phantasiewesen, das uns in seinen steinernen Bann zieht: ein Greif. Ausgestattet mit dem Körper eines Löwen und dem Kopf und den Flügeln eines Raubvogels erscheint das Relief des Mischwesens an der Südwestecke der Kirche. Also nicht ganz Harry Potters Seidenschwanz, aber immerhin.

Dieses seltsame Tierrelief stammt noch aus einer alten Kirche, die an der Stelle der heutigen Stiftskirche stand. Als Symbol für Stärke und Wachsamkeit sollte es Schaden von dem Gotteshaus abwehren. Welches Phantasietier hättet ihr dafür gewählt?

TIPP: Vom Chor der Stiftskirche führen steile Treppen hinauf bis an die Spitze des Kirchturms. Von dort oben hat man einen wunderbaren Blick auf die Altstadt – mulmiges Gefühl inklusive.

Adresse Münzgasse 9, 72070 Tübingen // **ÖPNV** Bus 1–13, 16–19, 21–23, Haltestelle Neckarbrücke, von dort ca. 5 Minuten Fußweg // **Öffnungszeiten** nur von außen zugänglich // ab 6 Jahre

42_DIE ENERGIE-ERLEBNIS-DUSCHE

Jedes Grad zählt

Im Wasser planschen und schwimmen mögen fast alle Kinder. Aber duschen? So etwas Lästiges! Vor allem das Abduschen vor und nach dem Schwimmbadbesuch. Muss das sein?

Um dem Nachwuchs die Sache etwas schmackhafter zu machen, gibt es im Hallenbad Nord eine besondere Erlebnis-Dusche, eine Eigenkreation der Tübinger Stadtwerke. Hier kommt das Wasser zwar auch von oben, aber währenddessen kann man viel übers Energiesparen lernen. Es wird genau angezeigt, wie viel Energie und Wasser man gerade verbraucht. Dreht man die Dusche nur ein bisschen kälter, verbraucht man weniger Energie. Und wenn man beim Einseifen das Wasser abdreht, benötigt man natürlich auch viel weniger Wasser. Weiß man theoretisch alles, aber wenn man es direkt vor Augen hat und am eigenen Leib spürt, ist es eben besonders einprägsam. Und am Monitor lässt sich sogar der durchschnittliche Verbrauch der letzten zehn Duscher ablesen. Die Schlacht des Unterbietens ist eröffnet!

Kindern ein Gefühl für die Wertschätzung der begrenzten Ressourcen zu vermitteln, ist wichtig. Auch sie machen sich Gedanken über die Zukunft der Welt.

Aber aufgepasst: Manche Kids werden nun gleich ein neues Argument gegen das Duschen vorbringen: »Siehst du, Mama, wenn wir gar nicht mehr duschen, sparen wir ganz viel Energie!« Auch das gehört zum Elternsein.

TIPP: Nach dem Schwimmbadbesuch ist der Hunger meist groß. Für Lesefutter sorgt die Zweigstelle der Stadtbücherei gleich nebenan in der Geschwister-Scholl-Schule. Manchmal gibt es dort sogar ein Bilderbuchkino.

Adresse Hallenbad Nord, Berliner Ring 30, 72076 Tübingen // **ÖPNV** Bus 2, 3, 4, 6, Haltestelle WHO Ahornweg, von dort ca. 3 Minuten Fußweg // **Öffnungszeiten** Infos zu allen Tübinger Bädern unter www.swtue.de/baeder // ab Schulalter

43_DAS ENTENRENNEN

Wer hat den Schnabel vorn?

Ein Jahr hartes Training in häuslichen Badewannen liegt hinter ihnen. Im schaumigen Badewasser wurden Schnelligkeit, Ausdauer und Entschlossenheit trainiert. So, ihr lieben Entlein, seid ihr bereit, eure heimischen Gefilde zu verlassen und euren Außeneinsatz als Rennenten anzutreten?

Mit Nummern versehen, auf der Ladefläche eines Lasters eng zusammengepfercht, werden jedes Jahr rund 6.000 gelbe Enten auf die Alleenbrücke gefahren und in den Neckar katapultiert. Jetzt heißt es schwimmen, drängeln und überholen, was das Zeug hält. Ja nicht abdriften ans Ufer, immer schön beim gelben Teppich bleiben. Schon ist das Ziel bei der Neckarbrücke in Sicht. Angefeuert werden die Enten vom Publikum, das von der Platanenallee aus das Rennen begleitet. Jetzt alles geben und – the winner is Ente Nummer 3.589! Applaus! Jubel!

So spielt sich das jährliche Entenrennen ab, das seit 1999 jedes Jahr im Oktober vom Tübinger Round Table 182 veranstaltet wird. Gegen eine Spende von fünf Euro wird eine Patenschaft für eine Rennente übernommen. Die Einnahmen werden für lokale soziale Projekte gespendet. Und die Paten der schnellsten Enten gewinnen tolle Preise. Am spektakulärsten ist der Start, am spannendsten der Zieleinlauf. Und während die Enten auf dem Neckar treiben, gibt es auf der Platanenallee auch Spielstationen für Kinder. Denn je nach Strömung des Neckars kann es auch mal etwas dauern, bis die ersten Tiere ins Ziel kommen. Keine Sorge, alle Enten werden wieder eingefangen und trainieren im Geheimen weiter fürs nächste Jahr!

Adresse Neckar zwischen Alleenbrücke (Start) und Eberhardsbrücke (Ziel), 72072 Tübingen, www.tuebinger-entenrennen.de // ÖPNV Bus 6, Haltestelle Neckarhalde, von dort ca. 1 Minute Fußweg zum Start auf der Alleenbrücke // Öffnungszeiten Sa Anfang Okt. während des Regionalmarktes 14–16 Uhr, aktuelle Infos siehe Website // ab 3 Jahre

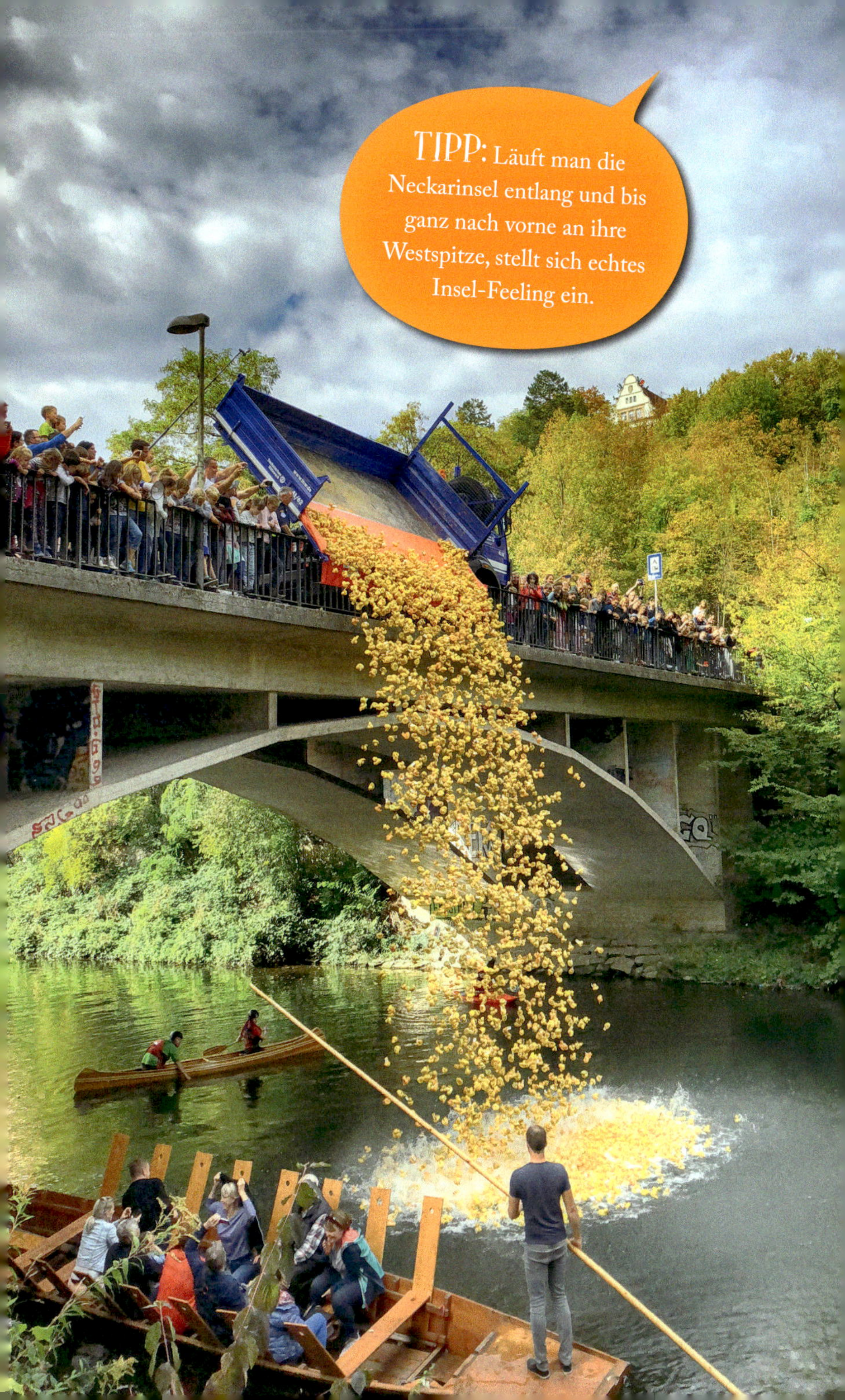

TIPP: Läuft man die Neckarinsel entlang und bis ganz nach vorne an ihre Westspitze, stellt sich echtes Insel-Feeling ein.

44_DER ERDBEERGARTEN

Für kleine und große Naschkatzen

Was tun mit kleinen Kindern, die wieder einmal ziemlich früh munter und voller Tatendrang sind? Im Gegensatz zur gesamten Nachbarschaft, die noch tief in ihren Betten mummelt. Wie wäre es mit Erdbeerpflücken? Ein kleines Körbchen oder Eimerchen mit Henkel für die Kleinen findet sich schnell, auf ein weißes T-Shirt sollte heute lieber verzichtet werden, Sonnenschutz wäre gut – und schon kann es losgehen.

Auf der Erdbeerplantage Weippert beim Schwärzlocher Hof warten die leckeren kleinen roten Früchte schon auf fleißige Pflücker. Vor allem morgens haben sie das beste Aroma. Hin und wieder landet vielleicht mal eine Erdbeere nicht im Körbchen, aber so frisch sind die Früchte einfach ein Genuss – dem können die Kleinen und auch die Großen einfach nicht widerstehen.

Erdbeeren sind aus botanischer Sicht eigentlich gar keine Beeren, sondern zählen zu den Sammelnussfrüchten. Die eigentlichen Früchte sind die kleinen gelblich-grünen Nüsschen an der roten Oberfläche der Scheinfrucht. Aber ob Beere oder Scheinfrucht, dem Gaumen ist das gleich. Schnell ist das Körbchen voll, es wird gewogen, bezahlt und dann geht es ab nach Hause. Die Weiterverarbeitung beginnt: Lust auf klassische Erdbeermarmelade oder einen köstlichen Erdbeerkuchen? Und wenn Sie Ihre Kinder noch mehr beglücken wollen, dann sorgt ein leckeres Schoko-Erdbeer-Fondue bestimmt für helle Begeisterung.

Adresse Erdbeergarten Weippert beim Schwärzlocher Hof, Schwärzloch 1, 72070 Tübingen, www.weippert-erdbeeren.de // **ÖPNV** Bus 11, Haltestelle Schwärzlocher Täle, von dort ca. 13 Minuten Fußweg // **Öffnungszeiten** in der Regel Ende Mai – Ende Juni täglich 8 – 19 Uhr, genaue Termine siehe Website // ab 4 Jahre

TIPP: Wer die Erdbeersaison verschlafen hat oder mehr auf Heidelbeeren steht, bekommt neue Pflückchancen von circa Anfang Juli bis Anfang August im Heidelbeergarten in Öschelbronn.

45_DAS FANTASY EMPIRE

Spider-Man erwartet dich

Schon von Weitem blitzt etwas Blaurotes in der idyllischen Ammergasse mit ihrem schmalen Wasserkanal und den kleinen Stegen darüber auf. Spider-Man steht vor der Tür, das Fantasy Empire ist geöffnet. Nichts wie rein!

Die Herzen von echten Fantasy-Fans beginnen vor Aufregung heftig zu pochen. Was soll man sich zuerst anschauen? Die neuesten Sammelkarten von Yu-Gi-Oh!, Magic oder doch lieber von Pokémon? Wie wäre es, sich mal an einem Tabletop-Spiel wie »Der Herr der Ringe« zu versuchen? Dafür muss man die Miniaturfigürchen erst noch bemalen. Spiel und Kreativität sind dabei vereint. Vielleicht gibt es auch neue Superheldencomics oder japanische Mangas? Auch Harry-Potter-Zauberstäbe sind im Angebot. Genauso wie verschiedene Brett- und Kartenspiele. Man wird überwältigt sein ob all dieser Möglichkeiten.

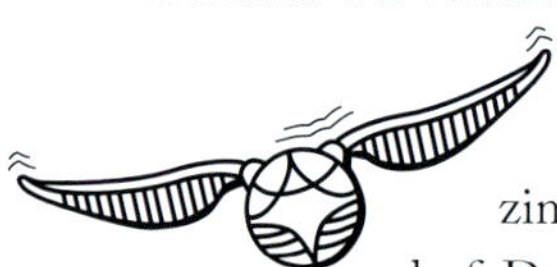

Ganz wunderbar ist ein kleines Hinterzimmer, in dem voller Hingabe gezockt werden darf. Das Fantasy Empire ist eben nicht nur ein klassischer Laden, sondern auch ein Treffpunkt für spielbegeisterte Kids. Jeden Freitag um 15 Uhr versammeln sie sich beispielsweise zur »Friday Night Magic«, und die Yu-Gi-Oh!-Liga, ein Miniturnier, geht samstags um 11 Uhr an den Start. Natürlich sind solche Spiele und Sammelleidenschaften nicht ganz billig. Aber Spielen – und hier sogar von Angesicht zu Angesicht – ist immer noch eine der schönsten Beschäftigungen der Welt. Auch größere Kids und Erwachsene kommen davon nicht los. Gut so!

Adresse Ammergasse 14, 72070 Tübingen, www.fantasy-empire.de // **ÖPNV** Bus 9, Haltestelle Ammergasse, von dort 1 Minute Fußweg // **Öffnungszeiten** Mo–Fr 11–18.30 Uhr, Sa 10–16 Uhr, Infos zu Events und Terminen siehe Website // ab 6 Jahre

TIPP: Schräg gegenüber in der Ammergasse verheißen wunderbare Minikuchen und selbst gemachte Eissorten wie das fruchtige Mango-Maracuja-Eis des Tübinger Zuckerbäckers köstliche Gaumenfreuden. Und wenn man Glück hat, zieren im Winter Eisskulpturen den Eingang!

46_DER FOTOFIX-AUTOMAT

Viermal Grimassen schneiden, bitte!

Na ja, den Bahnhof würde man nicht gerade auf Platz eins im Ranking für den besten Kinderort stellen. Dennoch gibt es dort etwas, das extrem lustig sein kann. Meistens hastet man daran vorbei, um noch schnell den Zug zu erreichen. Aus dem Augenwinkel heraus registriert man von einem Stuhl herabhängende Beine in verschieden großer Anzahl, die unter einem halbhohen Vorhang in einer Kabine aufblitzen. Was tun die da nur hinter diesem rätselhaften Vorhang?

Dieses Geheimnis kann schnell gelüftet werden. Begebt euch hinter den Vorhang, stellt den drehbaren Stuhl auf die passende Position und folgt den Anweisungen des Automaten. Achtung, nicht erschrecken! Die Stimme ist ziemlich laut. Natürlich sind die Automaten eigentlich dazu da, Passfotos auf die Schnelle auszuspucken. Aber sie bieten noch weitere Möglichkeiten, die man ausprobieren sollte. Die Spaßfotos werden auch Oma und Opa zum Lachen bringen und eignen sich hervorragend als kleine, individuelle Mitbringsel. Wer schneidet die schrägsten Grimassen? Wer trägt die schönste Haarpracht?

Im Nullkommanix bekommt man die spaßigsten Porträts und Schnappschüsse für alle Anlässe zu einem kleinen Preis. So ein Vierer-Fotoset kostet gerade mal zwei Euro. Was will man mehr?

Im Edeka und im Kaufland in Tübingen gibt es weitere Exemplare dieser Quatschfotoautomaten. Vielleicht gestaltet sich so der nächste Einkauf etwas spaßiger?

Adresse Hauptbahnhof, Europaplatz 17, 72072 Tübingen // **ÖPNV** Bus 1–13, 15–23, Haltestelle Hauptbahnhof, von dort ca. 1 Minute Fußweg // **Öffnungszeiten** immer zugänglich // für jedes Alter

TIPP: Wenn wir schon bei Automaten sind, probieren wir doch gleich den Kunstautomaten am quietschbunten Epplehaus in der Karlstraße 13 aus.

FOTO.FIX DIGITAL
BIOMETRISCHE PASSBILDER
FÜR IHRE AUSWEISDOKUMENTE
4 Stk. 8€
Passbilder nach neuer Norm
Für alle offiziellen Ausweisdokumente zugelassen.
WEITERE FOTOPRODUKTE AB 2€
www.fotofix.de
FOTO.FIX
FOTOAUSGABE

47_DIE GRAFFITI

Ist das Kunst, oder kann das weg?

Tja, mit Graffiti ist das so eine Sache: Illegale Graffiti, deren Nicht-Kunst-Charakter offensichtlich ist, zieren ratzfatz über Nacht Unterführungen, Brücken, Hauswände und Co., zum Leidwesen von privaten Besitzern, aber auch der Stadt. Die Reinigung ist aufwendig und teuer, und frisch gereinigte Flächen fordern Wiederholungstäter geradezu heraus. Was tun, um diesem Teufelskreis zu entkommen?

»Mit Graffiti gegen Graffiti«, so lautet die Devise. Eine tolle Idee! Die Stadtwerke Tübingen lassen seit 2018 Trafostationen, Wasserbehälter und Heizzentralen von Tübinger Street-Art-Künstlern gestalten. Denn nach dem ungeschriebenen Sprayergesetz werden anspruchsvolle Werke von anderen nicht übersprüht. Das scheint in Tübingen zu klappen. Und so kann man an vielen Stellen im Stadtgebiet richtig gute Street-Art von Mango, El Niño, Looven oder Jeroo bewundern. Wäre das nicht eine Idee für den nächsten Familienspaziergang? Grafitti-Kunst gucken und sich inspirieren lassen? So ziert ein weißer Schwan das Parkhaus Metropol an der Hechinger Straße und ein Adler die Adlerkreuzung in Lustnau, am Haagtorplatz entzückt ein wunderschöner Eisvogel das Auge, und am Schalthaus in der Schwärzlocher Straße geben Blaumeisen und ein Eisbär Rätsel auf.

Ein absoluter Hingucker ist das selbstverwaltete Jugendhaus Epplehaus in der Karlstraße, dessen knallbunte Graffiti an der Fassade sich immer wieder ändern – manchmal auch mit politischer Aussage.

Adresse verteilt im Tübinger Stadtgebiet, zum Beispiel Steinlachallee, Hechinger Straße, Lorettoviertel, 72072 Tübingen; Haagtorplatz, Schwärzlocher Straße, Hirschauer Neckarwehr, 72070 Tübingen; Adlerkreuzung Lustnau, Stauffenbergstraße, 72074 Tübingen // **ÖPNV** TüBus am Sa kostenlos // **Öffnungszeiten** immer zugänglich // ab 4 Jahre

TIPP: Auch berühmten Tübinger Persönlichkeiten wie Kepler, Hölderlin und Co. kann auf Stromkästen, Mauern oder Hauswänden begegnet werden – mit Schablonenkunst-Technik gestaltet vom französischen Street-Art-Künstler C215 (www.icfa-tuebingen.de/c215).

48_DIE GRUSEL-UNTERFÜHRUNG

120 Meter Adrenalinkick

Allzu lange wird sie vermutlich nicht mehr da sein, die gruseligste Unterführung Tübingens. Kaum zwei Meter hoch, dunkel und schmuddelig ist der Fußgängertunnel unter der Gleisanlage zwischen Schaffhausenstraße und Eisenbahnstraße. Bei starkem Regen ist er nicht passierbar. Eigentlich war er auch nur als Flutdurchlass der Bahn gedacht, aber das hat sich dann anders entwickelt.

Um es gleich vorwegzunehmen: Abends und nachts ist das eine absolute No-go-Area und überhaupt nichts für Kinder. Aber tagsüber üben solche verwahrlosten Orte eine Faszination auf den Nachwuchs aus. Als Mutprobe rennen angeblich furchtlose, coole Kids schreiend durch den dunklen Tunnel! Die Erleichterung steht ihnen ins Gesicht geschrieben, wenn sie das Licht am Ende des Tunnels erreicht haben. Auf die Adrenalin-Ausschüttung ist prompt Verlass.

Wie wichtig dieser unglaublich hässliche Tunnel aber als Nord-Süd-Verbindung ist, zeigt sich schon daran, dass zu ihm eine eigene Bushaltestelle gehört.

Unmittelbar an die Unterführung auf der Eisenbahnstraßenseite angrenzend beginnt das neue Quartier des Alten Güterbahnhofs. Nach dem Schrecken lässt es sich dort gemütlich in Malou's Café einkehren. Für kleine Gäste wartet dort ein Kindertischchen. Eine Boulderwand fordert zum Klettern heraus, und ein Pop-up-Garten wandert hier von einem Ort zum anderen.

Adresse zwischen Eisenbahnstraße und Schaffhausenstraße, 72072 Tübingen; Koordinaten: 48°30'56.1"N 9°04'34.8"E // ÖPNV Bus 21, Haltestelle Bismarckstraße, von dort ca. 4 Minuten Fußweg; Bus 35, Haltestelle Eisenbahnstraße (Fußgängertunnel), nur mit Anmeldung spätestens 30 Minuten vor Abfahrt unter Tel. 07071/34000 // Öffnungszeiten immer zugänglich, mit Kindern nur tagsüber aufsuchen // ab 5 Jahre

TIPP: Durch den Schlossberg führt ein großer Fußgänger- und Fahrradtunnel. An einer Messstation lässt sich ablesen, wie viele Radfahrer ihn täglich und jährlich durchqueren. Schätzt mal!

49_DAS JUNGE LTT

Auf die Bretter, Kinder, los!

Wie mache ich große Schritte, wie kleine Schritte? Wie wirkt es, wenn ich einen Text schnell, langsam, laut oder leise spreche? Wie sagt wohl ein Monster Hallo? Mit phantasievollen theaterpädagogischen Spielen werden bereits Kinder ab sieben Jahre ans Schauspiel herangeführt. Dazu bietet das Junge LTT Kurse an, vom Schnupperkurs mit ersten Einblicken über den Kinderclub, der bereits selbst entwickelte Stücke auf die Bühne bringt, bis hin zur Projektwerkstatt für Kinder und Jugendliche ab elf Jahre.

Wer lieber gucken statt selbst die Bühnenbretter erobern will, kommt im Landestheater Tübingen ebenso voll auf seine Kosten. Bereits für ganz Kleine ab drei Jahre winken besondere Theatererlebnisse. Das feste Ensemble des Jungen LTT, das es als eigenständige Sparte schon seit 1984 gibt, sprüht vor Ideen und experimentiert mit neuen Formaten – interaktiv und partizipativ. Und gegen Ende des Jahres steht meist ein Familienstück – passend zur Weihnachtszeit und angelehnt an klassische Kinderbücher wie »Alice im Wunderland« oder »Pünktchen und Anton« – auf dem Spielplan.

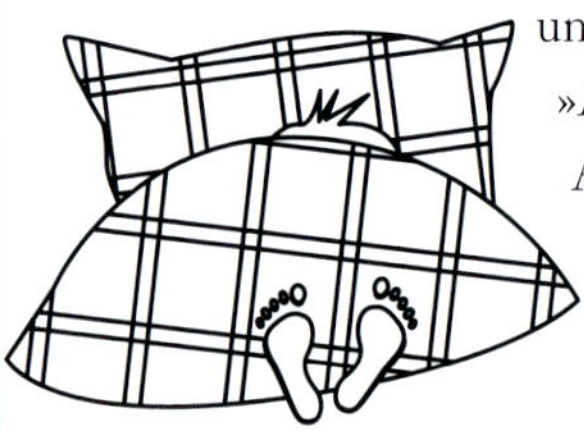

Ein jährliches Event vor den Herbstferien ist die Kinder- und Jugendbuchwoche. Da verwandelt sich das Foyer in eine riesige Buchausstellung. Der Höhepunkt ist die Büchernacht: Mit Schlafsack und Taschenlampe ausgestattet, dürfen die Kids die ganze Nacht nach Herzenslust in Neuerscheinungen schmökern. Vielleicht findet sich sogar ein neuer Kinderbuchklassiker, der bald die Bühne erobern wird?

TIPP: Nicht weit entfernt, an der Paulinenstraße, liegt der große Volksgarten, den es schon seit 1904 gibt. Zwei Spielplätze, Tischtennisplatten, ein Basketball- und ein Fußballplatz, Bänke und eine große Wiese sorgen für Spielvergnügen für alle Altersstufen.

Adresse Eberhardstraße 6, 72072 Tübingen, www.landestheater-tuebingen.de // **ÖPNV** Bus 1, 4, 8, Haltestelle Landestheater, von dort ca. 1 Minute Fußweg // **Öffnungszeiten** Theaterkasse Di–Fr 14–19 Uhr, Sa 10–13 Uhr, Abendkasse 1 Stunde vor Vorstellungsbeginn; Infos zu Spielplan und Theaterpädagogik siehe Website // Theaterstücke ab 3 Jahre, Schnupperkurs für Kinder und Kinderclub ab 7 Jahre, Projektwerkstatt ab 11 Jahre

50_DAS KASTANIEN-RONDELL

Schatzsuche im Laub

Herbstzeit ist Kastanienzeit – da führt kein Weg dran vorbei. Die dunkelbraun glänzenden, im bunten Laub versteckten Kastanien ziehen kleine Naturschatzsucher magisch an. Die zauberhaften Nüsse, die im Herbst reifen und erst von ihrer stacheligen Hülle befreit werden müssen, sind wahre Inspirationsbomben. Was man damit alles basteln kann! Von den Klassikern wie Kastanienfrauchen und -männchen über lange Ketten bis hin zu Kastanienigel, -spinnen und -äffchen. Ein paar Zahnstocher, Streichhölzer oder Pfeifenreiniger, und schon kann es losgehen und die wundersamsten Phantasietiere entstehen. Aber auch als Handschmeichler sind Kastanien einmalig. Von dem Gefühl, eine frische, geschmeidige Kastanie durch die Finger gleiten zu lassen, kann man gar nicht genug bekommen.

Fündig wird man an vielen Stellen, doch in Tübingen gibt es sogar einen Ort mit der Bezeichnung »Kastanienrondell«. Die Kastanienbäume hier wurden bei der Umgestaltung des Oberen Wöhrds nach 1911 angepflanzt, und die von der elliptischen Allee eingeschlossene Wiese diente lange Zeit als Festplatz.

Unbedingt sollte man auch einen Blick auf die uralten Bäume der nicht weit entfernten alten Lindenallee werfen. Die ältesten von ihnen wurden bereits 1508 zur Verschönerung des Zugangs zur Universitätsstadt Tübingen gepflanzt.

TIPP: Besonders schön ist der renaturierte Abschnitt des Neckars Richtung Freibad. Am Ufer laden Steine zum Verweilen und manche auch zum Baden im Neckar ein.

Adresse an der Jahnallee, 72072 Tübingen // ÖPNV Bus 19, Haltestelle Freibad, von dort 4 Minuten Fußweg // Öffnungszeiten immer zugänglich // ab 2 Jahre

51_DIE KATZENLINIE

Sitzende Sightseeingtour durch Tübingen

Die Universitätsstadt lockt jährlich Tausende Touristen an, aber einen speziellen Sightseeing-Bus hat und braucht Tübingen nicht. Denn fast alle Busse fahren über die berühmte Neckarbrücke, und von dort erhascht man einen Blick auf die herrliche Platanenallee, den Neckar mit seinem Stocherkahntreiben, die Stiftskirche und den Hölderlinturm. Sozusagen das »Best of Tübingen« im Vorbeifahren.

Das wird Kinder nur mäßig interessieren. Busfahren aber vielleicht schon, denn es wackelt so schön im Faltenbalg von Ziehharmonikabussen, man muss sich nicht anschnallen und kann am Fahrkartenautomaten Geldmünzen einwerfen. Samstags sind die TüBusse sogar kostenlos!

Das Schöne an den Tübinger Bussen ist, dass jede der 24 Stadtverkehrslinien ihr eigenes Symbol hat. Die Katzenlinie 1 ist Rekordhalter mit den meisten Stopps – sage und schreibe 36 Haltestellen werden vom Französischen Viertel bis nach Pfrondorf angefahren. Um die 44 Minuten sitzt man dann im Bus bei 10 Kilometern Strecke. Wem das zu lange dauert, der könnte die Schlosslinie 9 ausprobieren. Sie gehört mit nur 12 Haltepunkten zu den kürzesten Linien und fährt vom Hauptbahnhof mit viel Sightseeing-Programm – Neckarbrücke, Universitätsgebäude in der Wilhelmstraße, Unterstadt mit Ammerkanal und Jakobuskirche – hoch auf den Schlossberg zur Endstation Bismarckturm. Und da Türme auf viele Kinder sowieso eine besondere Faszination ausüben, ist dieser zudem ein genialer Ausgangspunkt für Wanderungen entlang des Spitzberges.

TIPP: Einmal sollte man wenigstens um den wuchtigen, 16 Meter hohen Bismarckturm aus dem Jahr 1907 balancieren. Wenn er geöffnet ist, ist der Rundblick von seiner Aussichtsplattform sowohl ins Ammer- als auch ins Neckartal phantastisch (www.turmfreunde-tuebingen.de).

Adresse Einstiegs-Haltestelle für Bus 1: Französisches Viertel, Landkutschersweg, 72072 Tübingen; Einstiegs-Haltestelle für Bus 9: Hauptbahnhof, 72072 Tübingen // **ÖPNV** Bus 1 und 9 // **Öffnungszeiten** tagsüber zwischen Französischem Viertel und Pfrondorf (Linie 1) und zwischen Hauptbahnhof und Bismarckturm (Linie 9); TüBus Sa kostenlos // ab 3 Jahre

52_DIE KINDER-UNI

Kinder, erobert den Hörsaal!

Die Tübinger Kinder-Uni ist tatsächlich die Mutter aller Kinder-Unis. Ins Leben gerufen wurde sie von den Redakteuren des »Schwäbischen Tagblatts«, Ulla Steuernagel und Ulrich Janßen sowie von Michael Seifert, dem damaligen Sprecher der Universität Tübingen. Mittlerweile ist es ein weltweites Format, aber 2002 war das etwas ganz Neues.

1477 wurde die Universität Tübingen gegründet, erst ab 1904 wurden hier Frauen überhaupt zum Studium zugelassen, und dann dauerte es noch mal 100 Jahre, bis die ersten Kinder in den Hörsaal 25 im Kupferbau stürmen durften.

Eine grandiose Idee, die kleinen Nachwuchsstudierenden für Wissenschaft und Forschung zu begeistern. Denn Kinder sprudeln über vor Fragen und wollen es ganz genau wissen. Da sind die Eltern manchmal aufgeschmissen. Aber nach einer spannenden, kindgerechten Vorlesung mit einem echten Professor in einem echten Hörsaal sind die Kids ihren Eltern meilenweit überlegen und wissen, warum Vulkane Feuer speien, wir über Witze lachen oder die Schule doof ist. Am Ende der Vorlesung wird Beifall geklopft, nicht geklatscht. Stolz sammeln die kleinen Studentinnen und Studenten Stempel auf ihren Kinderuni-Scheinen – mit vier Stempeln gibt's das heiß begehrte Kinderuni-Diplom.

Für Kinder, die nach dem ersten theoretischen Uni-Schnuppern mit Hörsaal und Co. Blut geleckt haben und gleich praktisch in Laboren und Forschungseinrichtungen loslegen wollen, gibt es extra einen Kinder-Uni-Forschertag. Let's forsch!

TIPP: Für ein richtiges Uni-Feeling sorgt auch ein Essen in der Mensa Prinz Karl in der Hafengasse. Kleine Gastesser sind willkommen.

Adresse Kupferbau, Hörsaal 25, Hölderlinstraße 5, 72074 Tübingen, www.uni-tuebingen.de // **ÖPNV** Bus 1–9, 11–13, 16–19, 21, Haltestelle Hölderlinstraße; Bus 3, 4, 17, Haltestelle Brunsstraße, ca. 1 Minute Fußweg // **Öffnungszeiten** Kinder-Uni im Sommersemester Di 17 Uhr; Kinder-Uni-Forschertag in der Regel am 1. Sa im Juli; aktuelle Infos auf der Website unter »Campusleben« // 7–12 Jahre

53_DIE KUNSTHALLE FÜR KIDS

Die Welt mit Künstleraugen sehen

Draußen Schmuddelwetter, drinnen eine neue, verlockende Ausstellung in der Kunsthalle. Auch eine gute Idee mit Kindern? Aber klar! Kinder sind herzlich willkommen. Seit 2020 weht hier nämlich mit der neuen Kunsthallendirektorin Dr. Nicole Fritz ein frischer Wind, und gemäß dem Motto »Kunsthalle für alle« werden Kinder selbstverständlich auch angesprochen.

Jeden Sonntagnachmittag ist das neu gestaltete Atelier der Kunsthalle für Kinder geöffnet. Während der Rest der Familie mit oder ohne Führung die Ausstellung erkundet, nähern sich die Kleinen gemeinsam mit am Haus tätigen Künstlern altersgerecht, ungezwungen und spielerisch den Werken der aktuellen Ausstellung. Wie sehen Künstler die Welt? Mit welchen Themen beschäftigen sie sich? Wie setzen sie ihre Ideen um? Hey, die Frau hat ja ein grünes Gesicht! Und Pferde sind doch nicht blau! Inspiriert von der Welt der Kunst, in der alles möglich ist, wird der Besuch zu einer spannenden Abenteuerreise und zu einer alle Sinne umfassenden Kunst-Erfahrung. Denn auch die Hände warten schon auf ihren Einsatz. Im Atelier wird kreativ gearbeitet, und die Kinder lernen den Umgang mit verschiedenen Werkstoffen und künstlerischen Techniken kennen. Mal wird mit Farben experimentiert, mal werden Holzschnitte gedruckt, mal wird gezeichnet oder skulptural gearbeitet. Tolle Kinderkunstwerke entstehen, die mit nach Hause genommen werden dürfen. Also: Nichts wie ran an die Pinsel!

Adresse Kunsthalle Tübingen, Philosophenweg 76, 72076 Tübingen, www.kunsthalle-tuebingen.de // **ÖPNV** Bus 17, Haltestelle Kunsthalle // **Öffnungszeiten** Kunsthalle für Kids So 14–17 Uhr; Kindergeburtstage und Workshops auf Anfrage über die Website // 6–12 Jahre

TIPP: Nach dem kreativen Arbeiten können sich die Kids mit einem kleinen Kindercappuccino im C.A.F.É KUNSTHALLE stärken, um dann auf dem Spielplatz bei der Grundschule Wanne ihre überschüssigen Energien loszuwerden.

54_DIE KUNST-KUMMERKÄSTEN

Klappe auf

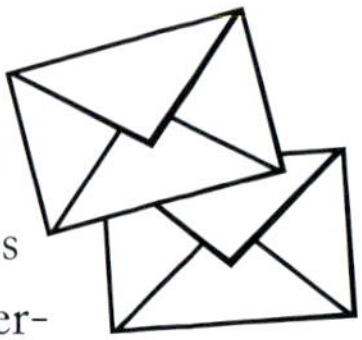

Manchmal tut es gut, anderen seine Sorgen und Nöte mitzuteilen. Nach dem Motto: Geteiltes Leid ist halbes Leid. Und vielleicht weiß jemand Rat und kann weiterhelfen. Eine besondere Möglichkeit dafür gibt es für Kinder in Tübingen mittlerweile an drei verschiedenen Standorten, nämlich die rot aufblitzenden großen Briefkästen im Retrostil. Schon mal bemerkt? Dort können Kinder ihre Post für das Ludomobil einwerfen.

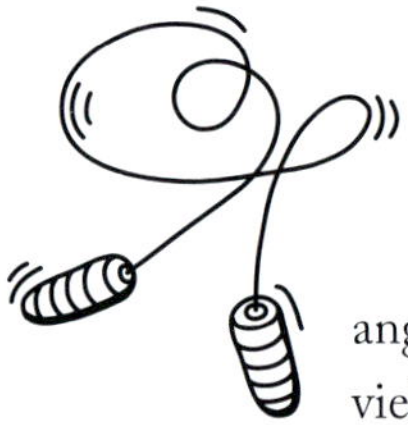

Die Idee stammt von Martha Mazanek, die Kindern während der Coronapandemie weiterhin die Möglichkeit zur Kontaktaufnahme geben wollte.

Und was ist das Ludomobil? Das mobile Freizeitangebot der Universitätsstadt Tübingen, das jede Woche viele tolle Spielmöglichkeiten mit einem kleinen Elektroscooter direkt zu den Kindern bringt. Dorthin, wo der Weg zu einem Spielplatz besonders weit ist. Spiel, Sport und Spaß für Kinder von sechs bis zwölf Jahren. Bewegungsspiele und kreative Bastelangebote wie eine Riesenfarbschleuder warten darauf, ausprobiert zu werden.

Und natürlich freuen sich die roten Briefkästen auch über kleine Kinder-Kunstwerke, Briefe, Fragen und Anregungen. Die haben viel Platz in ihrem Innern! Man sollte sie auf keinen Fall hungern lassen. Kinder, das ist eure Chance – ergreift sie, traut euch, es kann nur besser werden. Das Ludomobil hat immer ein offenes Ohr für euch.

TIPP: In der Pixel Medienwerkstatt im Epplehaus gibt es Workshops rund ums Thema Medien. Man kann hier Trickfilme drehen, Bürstenroboter bauen, Textilien plotten und vieles mehr (www.pixel-medienwerkstatt.de).

Adresse Sindelfinger Straße 28/5, 72070 Tübingen; Hechinger Straße 94, 72072 Tübingen; Schaffhausenstraße 41, 72072 Tübingen, www.ludomobil.de // **ÖPNV** Bus 12, Haltestelle Städtischer Fuhrpark; Bus 3, Haltestelle Memmingerstraße; Bus 21, Haltestelle Brückenstraße // **Öffnungszeiten** immer zugänglich, aktuelle Infos siehe Website // 6 – 12 Jahre

55_LA DOLCE VITA

Mickey Maus, Banana Joe oder Spaghettieis?

Viele leckere Eisdielen versprechen in Tübingen innere Abkühlung an heißen Sommertagen. Mit dem süßen Leben gleich zu Beginn der Neckargasse nimmt die eiskalte Versuchung ihren Anfang. Die Auswahl an der Theke ist riesengroß, bei über 40 Sorten köstlichem selbst gemachtem Eis ist Entscheidungsfreude gefragt. Eine Kugel Kinder-Joy oder Cookies in der Tüte oder Waffel auf die Hand, und schon laufen müde Kinder wieder weiter, und der Altstadtbummel kann fortgesetzt werden. Vielleicht nur ein paar Meter, aber immerhin.

La Dolce Vita wartet aber noch mit einem zusätzlichen Knaller auf: Innen eingerichtet wie eine typisch italienische Eisdiele im Stil der 1970er Jahre mit viel Chrom, kommt man eine Etage tiefer auf eine kleine, idyllisch-romantische Terrasse, einmalig an Tübingens »Schokoladenseite«, der berühmten Neckarfront mit ihren bunten Fachwerkhäusern, gelegen. Hier sitzt man in der ersten Reihe und kann gigantische Eisbecher verputzen, Milchshakes schlürfen oder Crêpes und Waffeln knabbern und dabei die Neckarinsel mit ihren riesigen Platanen und die vorbeiziehenden Stocherkähne bewundern und die Leichtigkeit des Seins fühlen.

Und noch ein kleiner Hinweis: Jedes Jahr an Fronleichnam findet das spektakuläre Stocherkahnrennen statt. Wäre das nicht die Top-Location zum Mitfiebern? Plätze zu ergattern ist extrem schwer, aber zum Glück gibt es auch Frühstücksangebote im La Dolce Vita. Der frühe Vogel fängt den Wurm.

TIPP: Schon bemerkt? Nicht nur Tauben haben auf der Platanenallee ihr Zuhause bezogen, sondern auch die schlauen Dohlen haben sich in Nistkästen hoch oben in den Baumwipfeln der Platanen gemütlich eingerichtet.

Adresse Neckargasse 8, 72070 Tübingen // ÖPNV Bus 1–13, 16–19, 21–23, Haltestelle Neckarbrücke, von dort ca. 1 Minute Fußweg // Öffnungszeiten täglich 9–22 Uhr // ab 1 Jahr

56_DAS LESE-HAUS

Kamishibai-Kino für Kleine

Die Kinderabteilung der Stadtbücherei bietet mit 30.000 Büchern Lesefutter für hungrige Bücherwürmer. Genügend Nahrung bis zur Ankunft in der Jugendbuchabteilung. Und sie ist eine prima Anlaufstelle für Familien mitten in der Altstadt. Ein paar Bilderbücher ausleihen, ein ruhiges Plätzchen zum Vorlesen aussuchen, auf der roten Lesetreppe spielen, in Sitzkojen abtauchen, am Maltisch kritzeln, essen und trinken, sich mit anderen treffen, um ein neues Brettspiel auszuprobieren. Ein offenes Wohnzimmer für alle! Im Sommer ist der Lesegarten im Innenhof ein lauschiges Plätzchen, wo man sich einen Kaffee gönnen und in Büchern schmökern kann. Auch ganz profane Dinge wie Kindertoilette und Wickeltisch stehen zur Verfügung.

Für Kinder ab vier Jahre ist das Lese-Haus ein wunderbares und noch dazu kostenloses Angebot. Freitags von 16 bis 17 Uhr lesen ausgebildete Lesepaten vor. Manchmal kommt dabei das Kamishibai-Theater zum Einsatz. Ein japanisches Erzähltheater, das wie ein kleines analoges Kino abläuft. In einen Holzrahmen mit Klapptüren werden passende Bildtafeln vom Erzähler, der die Zuhörerschar direkt ins Geschehen mit einbindet, eingeschoben. Perfekt für kleine Gruppen! Es gibt Kamishibai-Theatersets zum Ausleihen – eine tolle Inspiration für den nächsten Kindergeburtstag!

In den Sommerferien rückt das Lese-Haus aus in den Alten Botanischen Garten. Jeden Donnerstag um 11 Uhr kann man zur Wiese neben dem Spielplatz kommen. Eine großartige Idee für Großeltern und Enkel in den Ferien.

Adresse Stadtbücherei, Nonnengasse 19, 72070 Tübingen, www.tuebingen.de/stadtbuecherei // ÖPNV Bus 1–9, 11–13, 16–19, 21, 23, Haltestelle Nonnenhaus, von dort ca. 3 Minuten Fußweg // Öffnungszeiten Di–Fr 10.30–19 Uhr, Sa 10.30–14 Uhr, Lese-Haus jeden Freitag 16–17 Uhr (außer in den Sommerferien) // für jedes Alter, Lese-Haus ab 4 Jahre

TIPP: Bei schönem Wetter kann man sich mit Buch und Picknickdecke ein nettes Plätzchen im Alten Botanischen Garten suchen. Für Bewegung zwischendurch sorgt der Spielplatz und für Stärkung das »Willi« in der Wilhelmstraße, wo es kostenlosen Babyccino gibt.

57_DER LESETHRON

Schmökern in luftiger Höhe

Bücherschränke sprießen seit einigen Jahren an allen erdenklichen Stellen wie Pilze aus dem Boden. Ihr Aussehen variiert, mal sind es Regale, mal Boxen, mal ausrangierte alte Telefonzellen oder Baumstämme, die in ihrem Innern – geschützt vor Regen – Lesestoff für jedermann zum Tausch oder zur Mitnahme verwahren. Rund um die Uhr geöffnet, kostenlos und anonym wandern ausgelesene Bücher in neue Leserhände.

Auch Kinder werfen gern einen Blick in solche Freiluftbibliotheken. Und sei es nur, weil man ein Kläppchen öffnen kann. Vielleicht findet sich ja doch ein interessanter Schmöker. Beim Forsthof Tübingen-Nord, mitten im Wald gelegen, steht ein besonders schönes Buchwechselbäumchen, das 2011 gestaltet wurde und das erste seiner Art im Landkreis Tübingen war. Die Mitarbeiter des Forsthofes scheinen wahre Motorsägen-Künstler zu sein, denn viele weitere Holzobjekte warten auf Bewunderer: ein großer Braunbär, Eicheln samt Eichellaub und eine tolle Büchersitzgruppe zum Lesen vor Ort. Auch über einen kleinen Geschicklichkeitspfad lässt sich hier balancieren.

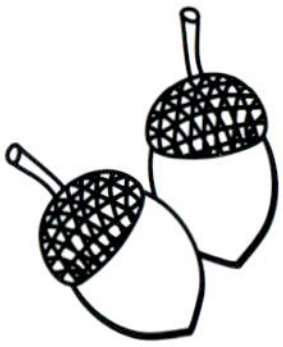

Das Highlight für Kinder jedoch ist der Lesethron. Da muss man erst mal hochkommen. Dann oben zu sitzen, sorgt für ein erhabenes Gefühl, und sich von Mama oder Papa hier oben vorlesen zu lassen, ist ziemlich cool.

Alle zwei Jahre findet hier am letzten Samstag vor den Sommerferien die Waldkulturnacht statt, und jedes Jahr am Freitag der Nikolauswoche bezaubert die »Weihnachtsstimmung im Winterwald« – ein Geheimtipp für Familien.

Adresse Forsthof Tübingen-Nord, Nähe Waldparkplatz Heuberger Tor, 72076 Tübingen // **ÖPNV** Bus 5, Haltestelle Haydnweg, von dort ca. 20 Minuten Fußweg über den Heuberger-Tor-Weg // **Öffnungszeiten** immer zugänglich // ab 3 Jahre

TIPP: Die Bettelweghütte kann für Kindergeburtstags- oder Weihnachtsfeiern privat gemietet werden. Mitten im Wald gelegen, bietet sie sommers wie winters ein ganz besonderes Erlebnis (Anfragen zu Buchungen unter thomas.englisch@tuebingen.de).

58_LORINETTA UND LORETTINO

Zweites Glück für Kindersachen

Hinter diesen bezaubernden Namen verbergen sich zwei besondere Kindersecondhandläden im Lorettoviertel. Bei Lorinetta findet man bestens erhaltene Kinderbekleidung, Schuhe, Spielzeug, Bücher und Spiele zu äußerst günstigen Preisen. Und im Lorettino, nur 60 Meter entfernt, wird man in Sachen Kindermöbel fündig.

Mit viel Liebe wird themenbezogen dekoriert – mal dreht sich alles um Piraten, mal um Ritter und Prinzessinnen. Und zur Adventszeit locken hübsche Kleinigkeiten für wenige Cent zum Befüllen des Adventskalenders. Das ist wirklich eine tolle Idee! Dafür legt Barbara Peters das ganze Jahr über passende Dinge zurück. Aber auch Schönes zum Verschenken wird man hier finden: Lätzchen, Halstücher, Knistertücher oder Traubenkernkissen – selbst genäht von der Besitzerin.

Kinder suchen begeistert den Laden auf, denn hier können sie auch spielen oder lesen. Und aus ihrer Sicht natürlich extrem wichtig: Jedes Kind bekommt ein Fünfcentstück, mit dem es sich an der M&M's-Maschine eine bunte Kugel rauslassen kann. Allerdings nur eine, weswegen ein kleiner Besucher bei seiner Ladenbewertung leider nur vier statt fünf Punkte vergeben konnte!

Beim Kauf nicht lange zögern, denn die Durchlaufzeit der Ware ist sehr kurz. Und auf die Quittung sollte man auch einen Blick werfen, statt sie gleich im Geldbeutel verschwinden zu lassen: Der Preis steht auf einer Einkaufstüte, die Lorinetta, gezeichnet von der Künstlerin Tanja Hauser, in ihrer Hand hält. Die süßeste Quittung ever!

TIPP: Vietnamesisches »Take'N'Go« aus dem gleichnamigen Restaurant mit knackigen Frühlingsrollen und einem Sesambällchen als Nachtisch ist nach einem Shoppingtrip genau das Richtige (Stuttgarter Straße 7).

Adresse Ruth-Marx-Straße 15, 72072 Tübingen, www.lorinetta.com // **ÖPNV** Bus 3, 13, Haltestelle Hechinger Eck, von dort ca. 2 Minuten Fußweg // **Öffnungszeiten** Mo – Fr 10 – 18 Uhr, Sa 10 – 13 Uhr // für jedes Alter

59_DIE MITMACH-WERKSTATT

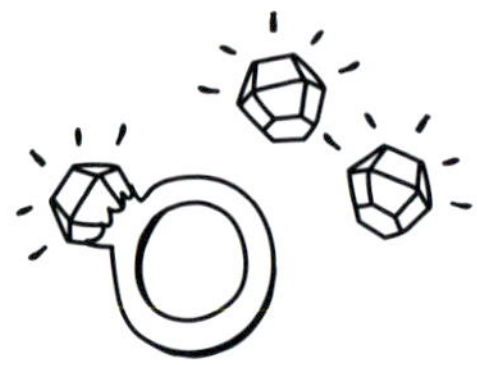

Der Herr der Ringe

Welch eine Verwandlung! Ein schmaler, unscheinbarer Silberblechstreifen wird zu einem prachtvollen Ring. Klar, Ringe kaufen kann jeder. Aber sich einen eigenen, ganz individuellen Ring selbst zu schmieden ist etwas ganz Besonderes und eine sehr persönliche Angelegenheit. Möglich ist das in der Mitmachwerkstatt von Michael Uhlig. Da wird gehämmert, geschliffen, graviert, punziert und poliert. So viele unbekannte spannende Techniken auf einmal! Das Gold- und Silberschmieden gehört zu den ältesten Handwerken der Menschheit. Aber das Beste daran: Man schaut dabei nicht nur bewundernd zu, sondern schafft es sogar selbst. In der Mitmachwerkstatt werden Kinder und Erwachsene beim Schmieden professionell unterstützt. Nur Mut! Das Ergebnis sind wunderschöne, bleibende Erinnerungsstücke!

Selbst Kinder können für sich selbst oder als Geschenke für ihre Liebsten in drei bis vier Stunden einen Ring und einen kleinen Anhänger mit Edelsteinen oder eine Armspange schmieden. Mit Geling-Garantie. Aber aufgepasst! Das macht so stolz und schenkt so eine große Befriedigung, dass sich der Berufswunsch des Nachwuchses spontan ändern könnte und auf einmal Goldschmied ganz hoch im Kurs steht.

Verschiedene Kurse locken: von der Kindergeburtstagsfeier über den Jugendkurs und die gemeinsame Herstellung von Freundschaftsringen bis hin zum Geschenkeschmieden mit Mama, Papa, Oma oder Opa. Und am Ende ziert ein einmaliger Ring mit Gravur den Finger!

TIPP: Im Antiquariat Mayrhans nebenan gibt es viele gebrauchte Comics – von Asterix bis hin zu den Lustigen Taschenbüchern. Sogar Sammlerstücke sind darunter.

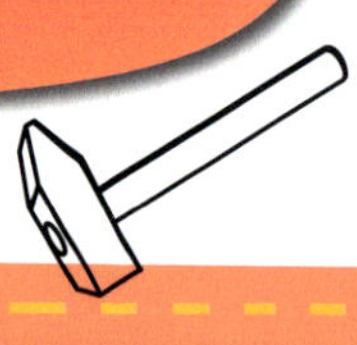

Adresse Gold- und Silberschmiede Mitmachwerkstatt, Haaggasse 14, 72070 Tübingen, www.uhligsart.de // ÖPNV Bus 9, Haltestelle Ammergasse; Bus 9, 11, 12, Haltestelle Haagtor, von dort ca. 2 Minuten Fußweg // Öffnungszeiten Di – So 11 – 18 Uhr; Anmeldung per E-Mail an uhligsart@aol.com // ab 7 Jahre, ab 5 Jahre in Begleitung von Erwachsenen

60_MOREJOE

Ein Tütchen Samstagssüßigkeiten

Schon ganz kleine Kinder führen ihre ahnungslosen Nannys zielstrebig in diesen Laden. Bezeugt ist ein kleines Mädchen, heute eine Stammkundin, das so lange »Lolli« rief, bis es im Süßigkeitenparadies von Johanna Schlimme ankam. Fruchtgummi, Lakritz in über 400 Sorten, Karamell, Fudge, Lollis, Bonbons, Tee-Bären biologisch, vegan, fructose-, laktose- oder glutenfrei – wer hier nicht fündig wird, dem ist nicht zu helfen.

Grandios sind die Fruchtgummi-Arrangements: Als Torten, Pizza, Pommes mit Ketchup und Mayo oder Motivplatten für besondere Anlässe sind sie unwiderstehlich. Ein Highlight ist die »Wand« im hinteren Teil des Ladens. Hier können sich die Kinder selbst Tütchen mit offenen Süßigkeiten zusammenstellen. Da kommt es auf das Verhandlungsgeschick an. Ganz einfach wird es für alle Beteiligten nicht werden. Ein möglicher Kompromiss wäre ein schwedischer Brauch: Samstagssüßigkeiten. Die Kinder dürfen sich nur samstags ein Tütchen voller Süßigkeiten kaufen. Dann gibt es in der restlichen Woche keine Diskussionen. Zumindest in der Theorie.

Wenn einem Kind das nicht reichen sollte, darf es ganz mutig zu Johanna in den Laden kommen und nach einem Gummibärchen fragen. Eines zum Probieren bekommt man nämlich immer. So manches Kind hat hier seinen ersten Schritt zur Selbstständigkeit getan.

Aber auch Süßigkeiten-Profis entdecken immer wieder etwas Neues. Wer traut sich an den Chili-Habanero-Raketen-Fruchtgummi oder probiert Pepparkakskrydda?

Adresse Kornhausstraße 12, 72070 Tübingen, www.morejoe.de // ÖPNV Bus 1–9, 11–13, 16–19, 21, 23, 826, 828, Haltestelle Stadtgraben, von dort ca. 5 Minuten Fußweg // Öffnungszeiten Mo–Fr 10–18 Uhr, Sa 10–15 Uhr // ab 3 Jahre

TIPP: Gleich ums Eck, hinter dem Stadtmuseum, befindet sich der Kindersecondhandladen Goldenes Händchen. Mit kleinem Spielbereich und Still- und Wickelecke eignet er sich immer auch für ein Päuschen in der Stadt.

61_DIE MOSTEREI GUGEL

Seinen eigenen Saft trinken

Ende August herrscht auf einmal reger Betrieb in der Tübinger Weststadt. Dann werden lecker duftende Äpfel, Birnen und Quitten von den heimischen Streuobstwiesen oder aus dem eigenen Garten zentnerweise in die Mosterei Gugel gebracht. Ohrenbetäubender Lärm empfängt einen. Die Maschinen laufen auf Hochtouren. Und dann geht alles ganz fix: Das Obst wird gereinigt, in einer Mühle zermahlen, die Maische wird über eine Bandpresse entsaftet, der Saft wird gefiltert und erhitzt. Schwuppdiwupp landet der fertige Apfelsaft in einer praktischen Bag-in-Box. Hier warten die Kinder schon auf ihren Einsatz. Ohrenschützer auf, und ab geht die Post. Man muss die Kartons auffalten, aufs Laufband stellen, den Trichter einsetzen, damit der fertige Apfelsaftbeutel nur noch in den Karton flutschen muss, und den Deckel schließen. Stolz können die Kids dann ihren Apfel- oder Birnensaft mit nach Hause nehmen. So erleben sie den Weg des Apfels vom Baum – toll, wenn die Kinder auch bei der Apfelernte helfen – in die Apfelsaftbox hautnah mit.

Die Mosterei ist übrigens die letzte Lohnmosterei in Tübingen. Wunderbar, dass es sie noch gibt. Sie leistet einen unschätzbaren Beitrag zum Bewahren der schwäbischen Streuobstwiesen, die viele Tier- und Pflanzenarten beheimaten, und trägt zur Erhaltung der alten Obstsorten bei. Wer nichts zu mosten hat, kann sich dort mit köstlichen Apfel- und Birnensäften eindecken. Vielleicht von der Fässlesbirne, der Schweizer Wasserbirne oder dem Großen Rheinischen Bohnapfel?

Adresse Georgstraße 4, 72072 Tübingen, www.mosterei-gugel.de // ÖPNV Bus 8, 14, 16, Haltestelle Aischbachstraße, von dort ca. 3 Minuten Fußweg // Öffnungszeiten Verkauf Do 17.30–18.30 Uhr; Mostereibetrieb Ende Aug.–Anfang Nov. (abhängig vom Reifegrad des Obstes); Terminvereinbarung vor Ort oder unter Tel. 07071/41324 // ab 6 Jahre

TIPP: Mit größeren Kindern kann man den Hagellocher Birnenweg in Angriff nehmen und Spannendes über die »Streuobstriesen« erfahren. Mit 5,7 Kilometern ist er schon eine Herausforderung, aber man kann ja auch nur eine Etappe laufen. Es gibt Tafeln mit Geschichten, Rätseln und Arbeitsaufgaben, los geht's beim Parkplatz am Bogentor in Hagelloch.

62_DIE MUSEUMSVILLA

Und ein verwunschener Garten zum Kreativsein

Betätigen sich Ihre Kids gern kreativ? Probieren sie mit Freude verschiedene Techniken aus? Lernen sie gern neue Freunde kennen? Möchten sie Spaß haben und spielen? Dann nichts wie hinein in die Museumsvilla!

Idyllisch direkt am Neckar gelegen, ist die Museumsvilla ein wunderbarer Ort, der Kinder und Jugendliche zum Kreativsein nicht nur einlädt, sondern regelrecht inspiriert. Die oberen Geschosse beherbergen Teile der städtischen Sammlung, doch das Gartengeschoss samt traumhaftem Garten unter alten Baumriesen ist der Museumspädagogik des Stadtmuseums vorbehalten.

Hier können Kinder Graffiti und Stencils sprühen, Roboter upcyclen, Monster Buddies nähen, lustige Kurzfilme mit iPads drehen, malen, zeichnen, drucken, töpfern und vieles mehr. Die Vielfalt der Kurse, Workshops und Kindergeburtstage, die von Künstlern und Museumspädagogen angeboten werden, ist einfach unglaublich. Und das Beste: Im Sommer wird der Garten zu einem Freiluftatelier für mal- und kreativitätsbegeisterte Kids. Ganze Ferienwochen lang wird gemeinsam an spannenden künstlerischen Projekten gewerkelt und gebastelt. Am besten nicht lange fackeln und schnell anmelden!

Aber die Museumsvilla bietet noch mehr: Künstler haben hier Ateliers, im Familiencafé trifft man sich montagnachmittags zum Austauschen und Spielen. Es gibt eine komplett ausgestattete Küche, sodass man die Museumsvilla samt Garten in Verbindung mit einem Workshop auch für Familienfeiern buchen kann. Und ein Urban-Gardening-Projekt lässt Hochbeete im offenen Museumsgarten sprießen.

Adresse Neckarhalde 31, 72070 Tübingen, www.tuebingen.de/stadtmuseum // ÖPNV Bus 6, Haltestelle Neckarhalde, ca. 1 Minute Fußweg // Öffnungszeiten Familiencafé Mo 15–18 Uhr; Anfragen zu Workshops, Ferienprojekten und Kindergeburtstagen über die Website // ab 5 Jahre

TIPP: In der Neckarhalde 70 macht das KaffeeKränzle so richtig Lust auf frisch gerösteten Kaffee und leckeren selbst gemachten Kuchen. Aber auch Frühstücksvariationen wie »Opa Heinz« oder »Tante Elsbeth« werden die Kids nicht verschmähen.

63_DER NATURSTEINPARK RONGEN

Steinzeit mitten in Tübingen

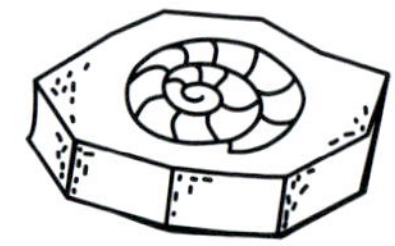

Steine, so weit das Auge reicht. Über 40.000 Tonnen haben hier ihr Zwischenlager gefunden und warten auf neue Aufgaben. Kleine Steine, riesige Brocken, kantig oder abgeschliffen, oft mit langer Geschichte: Basalt aus den Tiefen der Erde, uralter Granit oder Schilfsandstein mit Abdrücken von Riesenschachtelhalmen oder Farnen. Mit 20 Hektar Fläche ist das Gelände auf dem ehemaligen französischen Munitionslager Schindhau auch nicht gerade klein. Hier werden gebrauchte Natursteine recycelt. Was früher ganz normal war – dass mühsam behauene Steine wiederverwendet wurden –, musste erst wieder ins Bewusstsein gelangen. Damit ist Manuel Rongen zum Vorreiter und größten Anbieter gebrauchter Natursteine in Deutschland geworden. Mittlerweile ist ein idyllisch im Wald gelegener Natursteinpark mit einem Geologischen Lehrpfad und einem Kunstpfad entstanden, der jederzeit zugänglich ist.

Für Kinder ein wunderbarer Ort, an dem man Steine gucken und befühlen kann. Die Erregungskurve steigt mächtig an, wenn während der Arbeitszeiten unter der Woche Bagger große Steine hin und her bewegen, auf Laster hieven, sie zum Wiegen auf eine große Lkw-Waage fahren, die bis zu 50 Tonnen verkraften kann. Überall entdeckt man Steinwesen wie Gnome, Zwerge und Trolle, auch ein Mammut des Fasnetvereins »Tübinger Steinis« wacht mit Argusaugen über seine Steinzeitenklave. Wer Glück hat, kann sogar Bildhauern bei der Arbeit zusehen und Feuersalamander beim abendlichen Ausgang entdecken.

Adresse Schindhau 2, 72072 Tübingen, www.natursteinpark.de // **ÖPNV** Bus 8, Haltestelle Bergfriedhof Süd, von dort ca. 6 Minuten Fußweg // **Öffnungszeiten** jederzeit; kostenlose Führungen auf Anfrage per E-Mail an rongen@natursteinpark.de // ab 2 Jahre

TIPP: Läuft man den Kelterweg vom Natursteinpark Rongen hinunter zum Sudhaus, kommt man linker Hand an der Quelle vorbei, die die ehemalige Brauerei im Sudhaus zum Bierbrauen angezapft hat.

64_DIE OLYMPISCHEN RINGE

Ein Platz fürs Siegerfoto

Olympia hat in Tübingen einen festen Platz. In der Nähe der G91-Halle an der Reutlinger Straße, einem Überbleibsel aus der Garnisonszeit, befindet sich ein in die Jahre gekommenes Denkmal, das leicht übersehen wird. Prangen an den drei schmalen Steinstelen etwa die olympischen Ringe? Lassen Sie mal Ihre Kinder raten, was ihnen zu den Ringen und ihren Farben einfällt. Vielleicht wissen es ja die kleinen Sportexperten. Falls nicht, hier ist die richtige Antwort: Das Motiv der fünf Ringe stammt von Pierre de Coubertin, dem Begründer der modernen Olympischen Spiele. Jede Nationalflagge der Welt trägt mindestens eine der olympischen Farben, rechnet man den weißen Hintergrund der Ringe dazu. Das Ineinandergreifen der fünf Ringe symbolisiert die Gemeinschaft und das friedliche Zusammenkommen der fünf Kontinente zu den sportlichen Wettkämpfen.

Schaut man sich den Sockel des kleinen Monuments genauer an, liest man: »Groupe Sportif de Garnison Capitaine Rene Fombonne«. Wieder ein Relikt der Franzosen, die bis 1991 in Tübingen stationiert waren. Hat diese französische Sportgruppe etwa an Olympia teilgenommen?

Auf jeden Fall eignet sich das Denkmal hervorragend als Siegespodest zum Verleihen von Medaillen aller Art. Und sei es nur bei lustigen Kindergeburtstags-Wettkämpfen. Wer bei echten sportlichen Wettkämpfen mitfiebern möchte, kann dies nicht weit entfernt bei den Tübinger Hawks tun. Baseball auf Erste-Bundesliga-Niveau!

TIPP: Ein kleiner sportlicher Hotspot mit Baseball, Boule, Bogenschießen und Rad-Trial liegt im Zwickel zwischen B 28 und B 27. Da gibt es am Wochenende ordentlich was zum Gucken.

Adresse an der Stuttgarter Straße vor der G91-Halle, 72072 Tübingen; Koordinaten: 48°30'42.5"N 9°04'50.5"E // **ÖPNV** Bus 1, Haltestelle Französisches Viertel, von dort ca. 3 Minuten Fußweg // **Öffnungszeiten** frei zugänglich // ab 4 Jahre

65_DER ÖSTERBERG

Der Multijahreszeitenhügel

So ein großer grüner Hügel mitten in der Stadt hat schon was: an die 438 Meter hoch, auf seiner Nordseite dank der Rutschgefahr durch den Knollenmergel-Untergrund komplett unbebaut. Erinnerungen an englische Hügellandschaften werden wach. Für Kids ist dieser Hügel zu jeder Jahreszeit bombastisch. Schon der Aufstieg wird zu einer Challenge: Wer ist am schnellsten oben? Kurz die Aussicht auf Tübingens Norden genießen, dann gleich wieder runtersausen oder runterkullern. Freude pur! Es gibt auch ein kleines Wäldchen mit tief hängenden Ästen zum Klettern. Ab und zu weiden Schafe, die im Stall am Fuß des Österbergs die Nacht verbringen. Da sind sogar kleine Gucklöcher in der Tür, von denen aus die Kinder einen Blick auf die Herde werfen können.

FUN

Oder man schaut den Gleitschirmfliegern zu, wie sie schwer bepackt abheben. Und wenn im Herbst die ersten Winde aufkommen, ist Drachensteigen angesagt. Zu einem einzigartigen bunten Wimmelbild wird der Österberg jeweils am dritten Sonntag im Oktober, wenn beim Drachenfest Hunderte von Drachen in die Lüfte gelassen werden. Im Winter eignet sich der Nordhang perfekt zum Schlittenfahren. Rasant schnell in die Tiefe geht es entlang des Eiskanals, der in der Mitte des Hügels steil nach unten führt. Daumen drücken, dass es viel Schnee gibt! Und unbedingt eine heiße Kanne Tee und Stärkung mitnehmen, denn die Eltern von kleinen Kindern werden als »Schlittenlifte« ganz schön was zu tun bekommen.

Adresse Nordhang des Österbergs, 72072 Tübingen // ÖPNV Bus 1, 7, 21, 23, 826, 828, Haltestelle Pauline-Krone-Heim, von dort ca. 3 Minuten Fußweg // Öffnungszeiten immer zugänglich // ab 2 Jahre

TIPP: Besonders schön zum Spielen ist auch die Stelle in der Nähe des Schafstalls, wo der aus dem Schönbuch kommende Goldersbach in die Ammer mündet.

66_DIE PALÄONTOLOGISCHE SAMMLUNG

Zeitreise zu den Dinos

Es gibt Phasen im Leben unserer Jüngsten, da werden die Plastik-Dinos nicht mehr aus der Hand gelegt. Die Faszination dieser urzeitlichen Tiere ist kaum zu überbieten, die kleinen Experten tauchen zudem meist tief in die Materie ein. Kaum zu glauben, mit welchen schwierigen Bezeichnungen da ganz locker um sich geworfen wird. Um ihre Expertise noch etwas zu erweitern, drängt sich ein Besuch der Paläontologischen Sammlung geradezu auf. Mit gut einer Million Fundstücken gehört sie zu den größten und ältesten Universitätssammlungen der Welt. Das Besondere: Auch in unserer Region wurden spektakuläre Funde gemacht, die hier zu bewundern sind, wie zum Beispiel die Plateosaurier aus Trossingen. Diese »Schwäbischen Lindwürmer« standen am Anfang der Dino-Evolution und zählen zu den wenigen Dino-Skeletten, die man in Deutschland überhaupt ausgegraben hat. Und eine absolute Weltsensation ist der Einzahnsaurier Henodus chelyops, ein Meeresreptil, das wie eine Schildkröte aussieht. Die bisher einzigen acht entdeckten Exemplare stammen aus – Tübingen-Lustnau!

Therapsiden, frühe Vorläufer der Säugetiere, Meereskrokodile, Ichthyosaurier, Seelilienkolonien, Riesenammoniten, Mammutschädel, Säbelzahntiger und Co. warten auf die genaue Inspektion durch kleine Paläontologen. Zwar längst nicht so alt wie die Dinos, aber genauso spektakulär sind die beiden Höhlenbärenskelette aus der Erpfinger Bärenhöhle von der Schwäbischen Alb.

TIPP: Der Spielplatz am Goldersbach in Lustnau trägt seit Neuestem den inoffiziellen Beinamen »Henodus-Spielplatz«, denn dort, in unmittelbarer Nähe des Parkplatzes, wurden die Exemplare des Henodus chelyops entdeckt.

Adresse Sigwartstraße 10, 72076 Tübingen, www.unimuseum.de // **ÖPNV** Bus 3, 4, 17, Haltestelle Brunsstraße; Bus 1–9, 11–13, 16–19, 21, 23, Haltestelle Hölderlinstraße; Bus 2–4, 6, 17, Haltestelle Uni/Neue Aula // **Öffnungszeiten** Mo–Fr 9–17 Uhr; Eintritt frei, Führungen nach Vereinbarung per E-Mail an kasse@museum.uni-tuebingen.de // ab 5 Jahre

67_DIE PANZERHALLE

Spielen, wo früher Panzer repariert wurden

Das heutige Französische Viertel war nicht immer so bunt, vielfältig, offen und modern, wie es sich in unseren Tagen zeigt. Ganz im Gegenteil. Zuerst war es Kasernengelände der deutschen Wehrmacht, dann ab 1945 der französischen Soldaten, die bis 1991 in Tübingen blieben. Spuren dieser Vergangenheit blitzen architektonisch immer mal wieder auf – allerdings in verwandelter Form. Ein Beispiel dafür ist die Panzerhalle. Wo früher Panzer untergestellt und repariert wurden, tummeln sich nun Kinder und Jugendliche. Die Außenwände wurden einfach entfernt, mit wenig Aufwand entstand ein überdachter öffentlicher Raum und Bolzplatz. Bei jedem Wetter kann dort geschützt Basketball gespielt, gekickt, Fahrradfahren geübt oder gechillt werden. Zudem eignet sich die Location für Flohmärkte, Feste und Konzerte, die dort immer mal wieder stattfinden.

Es spricht also nichts gegen einen kleinen Ausflug ins Französische Viertel, das zahlreiche Preise für innovative Stadtentwicklung erhalten hat, um sich von der Vielfalt der Wohnformen inspirieren zu lassen. Das begeistert die Kids vermutlich nur mäßig, aber wenn am Ende Austoben in der Panzerhalle lockt, klappt das schon. Man sollte unbedingt einen Ball mitnehmen. Neben der Panzerhalle befinden sich auch ein kleiner Kinderspielplatz mit einer ziemlich langen Rutsche und ein Brunnen zum Planschen.

TIPP: Nicht weit entfernt liegt die ehemalige Panzerstraße. Hier kann man Schlitten fahren – falls es in Tübingen mal wieder schneien sollte.

Adresse Wennfelder Garten 2, 72072 Tübingen // **ÖPNV** Bus 1, 4, 13, Haltestelle Aixer Straße, von dort ca. 1 Minute Fußweg // **Öffnungszeiten** frei zugänglich // ab 2 Jahre

68_DIE PFAUE

Wer schlägt das schönste Rad?

Hier macht ein Hahn seiner Henne aber mehr als zwei schöne Augen! 100 Pfauenaugen strahlen die Dame an, wenn der Meister des Radschlagens seine Oberschwanzfedern aufstellt und sie leicht zum Zittern bringt, sodass das Schillern der Farbenpracht noch beeindruckender ist. Eine leicht tänzelnde Drehung zur Seite, und die Pfauendamen erliegen seiner Charmeoffensive. Allerdings reicht dazu eine einmalige Vorführung nicht aus. Zum Glück für uns! Im Frühjahr kann die Balzperformance der Pfauen auf dem Schwärzlocher Hof bewundert werden.

Für Kinder ist der Hof zu jeder Jahreszeit ein Highlight. Pferde, Kühe, Kaninchen und schnatternde Gänse gibt es zu entdecken, einen tollen Spielplatz zum Toben, während Mama und Papa es sich im Biergarten mit herrlicher Aussicht auf das Ammertal gemütlich machen.

Kunsthistorisch interessant ist es dort allemal. Wer genau hinschaut, sieht die Reste einer romanischen Kirche, in die der Gastraum eingebaut ist. Und noch ein Tipp: Zeigen Sie Ihren Kids den romanischen Fries, der mit Palmen, Lilien, einem Engel und Phantasietieren wie einem Drachen und einem Basilisk versehen ist. Vielleicht hat die Sage vom Lindwurm im Ammertal dazu inspiriert. Angeblich musste ein Drache immer mit Schafen besänftigt werden. Da half nur die List eines Ritters: Mit Spiegeln behängt, lockte er den Lindwurm an. Dieser hielt sein eigenes Spiegelbild für einen anderen Drachen. Die Gunst der Stunde nutzend, befreite der Ritter das Ammertal vom Lindwurm.

Adresse Schwärzlocher Hof, Schwärzloch 1, 72070 Tübingen, www.hofgut-schwaerzloch.de // **ÖPNV** Bus 11, Haltestelle Schwärzlocher Täle, von dort ca. 11 Minuten Fußweg // **Öffnungszeiten** Mi–Sa 11–22 Uhr, So 11–21 Uhr // für jedes Alter

TIPP: Im ehemaligen Hühnerstall befindet sich Irenes Hofládle, das mit regionalen Produkten und leckerem selbst gebackenem Schwärzlocher Brot und Fladen aufwartet. Den Ofen dazu können Kinder im Verkaufsraum sehen (Mi und Sa 9–12 und 17–19 Uhr).

69_DIE PUPPENBÜHNE

Rambazamba auf der Bühne

»Tri, tra, trallala! Seid ihr alle da?« Ohne diese Frage startet kein Kasperltheater. Und es kann erst losgehen, wenn alle lauthals »Jaaaa!« schreien. Kasperl, frech und faul, aber immer liebenswert, und sein allerbester Freund Seppl, der sich manchmal ein bisschen tollpatschig anstellt, erleben ihre lustigen und spannenden Abenteuer. Die Gretl darf natürlich auch nicht fehlen, ebenso wenig wie die Hexe, der Zauberer oder das Krokodil. Aber wenn dann erst der Räuber erscheint, ist Highlife auf der Bühne und bei den Zuschauern. Kaum zeigt sich der Räuber an der Seite der Bühne, bricht ohrenbetäubender Lärm aus. Und wenn der Bösewicht richtig loslegt, kann kein Kind mehr still sitzen. Die Kleinen stehen vor der Bühne, schimpfen mit dem Räuber und ziehen ihn schier aus der Kulisse. Und weint der Kasperl, dann weinen auch die Kinder, und schließlich weint der Kasperl wieder mit den Kindern. Zum Glück siegt das Gute immer. Hinterher können die Kinder die Dialoge noch tagelang aufsagen, so sehr identifizieren sie sich mit der Geschichte.

Das Wichtigste für einen Puppenspieler wie Ralf Mück ist, dass die Kinder aktiv dabei sind. Dazu gehört auch, dass sie nach dem Stück die tollen Figuren anfassen dürfen, die von der Tübinger Puppenbühne aus Pappmaschee, Holz und Stoff selbst gestaltet werden. Oh, der Kasperl, was macht er denn jetzt schon wieder?

Adresse Katharinenstraße 28, 72072 Tübingen, www.vorstadttheater.de // ÖPNV Bus 4, 8, Haltestelle Kiesäckerstraße; Bus 3, 13, Haltestelle Loretto, jeweils ca. 4 Minuten Fußweg // Öffnungszeiten Puppentheater So 11 Uhr, Kindertheater So 15 Uhr; aktuelle Termine und Programm siehe Website // ab 3 Jahre

TIPP: Es lohnt sich, immer mal wieder einen Blick in den Retour Flohmarktladen der BruderhausDiakonie in der Lilli-Zapf-Straße zu werfen. Vielleicht findet man neue alte Schätze?

70_DIE SCHLITTENWIESE

Samstags sogar mit Schlittenlift

Tübingens Kinder werden leider nicht allzu oft mit schneereichen Wintern verwöhnt. Und die weiße Weihnacht fällt meist ebenso flach, die Schneepracht an Weihnachten im Jahr 2010 war da eine gigantische Ausnahme. 2021 konnte man tatsächlich auch an einigen Tagen Schlitten fahren. Wenn denn mal Schnee fällt und er liegen bleibt, ist zügiges Handeln gefragt. Schlitten aus dem Keller hieven, und ab gehen die Kufen! Aber wohin?

Der Österberg geht natürlich immer, und für größere Kinder ist er allein schon aufgrund der langen Abfahrt optimal. Eltern, die kleinere Kinder mitsamt Schlitten den Berg hochziehen dürfen, bevorzugen vielleicht kürzere Abfahrten, zum Beispiel am Heuberger Tor, an der Karrerwiese oberhalb von »Im Schönblick« in Höhe der Bushaltestelle Niethammerstraße, an der Schachbaumwiese, bei den Römergräbern, an der Panzerstraße oder am Galgenberg.

Und eine ganz besondere Schlittenwiese, die die wenigsten kennen, liegt im Zwickel zwischen Waldhäuser Straße und Mörikestraße, gegenüber der Oberen Schillerstraße. Die unbebaute Bärenspitz-Wiese bietet für Schlittenfahrer einen kleinen, kaum zu toppenden Pluspunkt: einen Spezial-Schlittenlift. Nein, wir sind hier nicht in einem Skigebiet, wir sind mitten in Tübingen. Es gibt sowohl am Fuß wie am oberen Ende des Bärenspitzes Bushaltestellen. Und samstags sind die Busse umsonst. Pst! Mehr wird nicht verraten!

TIPP: Um das Durchhaltevermögen beim Bergaufgehen zu steigern, kann die Hohe Steige zwischen der Käsenbachstraße und der Oberen Schillerstraße eingeschlagen werden. Da zeigt sich dann, wer was drauf hat und 55 Höhenmeter auf einer Strecke von 300 Metern locker schafft.

Adresse Bärenspitz zwischen Waldhäuser Straße und Mörikestraße, 72076 Tübingen // **ÖPNV** Bus 3, 4, 17, Haltestellen Im Rotbad und Engelfriedshalde // **Öffnungszeiten** immer zugänglich // ab 2 Jahre

71_DER SPIELPLATZ IM ZWINGER

Wasser marsch!

Manchmal sucht man mitten in der Altstadt ein ruhiges Plätzchen zum gemütlichen Verschnaufen und Verweilen nach dem Einkauf oder Stadtbummel. Nicht immer möchte man dem Trubel im Alten Botanischen Garten ausgesetzt sein. Der etwas versteckte Spielplatz im Zwinger an der ehemaligen Stadtmauer Tübingens, von der man hier noch Reste sieht, verspricht entspanntes Spielvergnügen. Er ist nicht wirklich groß, aber dafür haben die Eltern hier alles im Blick. Es gibt Bänke zum Sitzen und schattige Stellen. Und gerade an heißen Sommertagen verlockt eine tolle Wasserbahn die Kinder so richtig zum Matschen mit Sand und Wasser. Die Kleinen sind mit Rutsche, Wippe, Kletterhäuschen und viel Sand vollkommen zufrieden, und für die Eltern ist es immer gut, wenn sie noch eine Überraschung vor oder nach dem Stadtbummel aus dem Ärmel schütteln können.

Falls Ihre Kids magisch von Wasser angezogen werden, gibt es nicht weit entfernt vom Haagtorplatz noch eine nasse Besonderheit: Neben dem Ammerkanal, der hier ziemlich wild seinen Weg durch die Altstadt einschlägt, stehen zwei alte Mühlräder an der Ecke zwischen Gerstenmühl- und Schwärzlocher Straße. Sie gehörten zu einer Gerstenmühle und einer Lohmühle, die beide bereits Ende des 15. Jahrhunderts in Urkunden erwähnt wurden, jedoch nicht mehr existieren.

TIPP: Bei Eisgelüsten sollte man das »Eiscafé Cortina 2«, bei Pizza-Heißhunger hingegen die »manufaktur« aufsuchen. Beide liegen direkt am Haagtorplatz.

Adresse Belthlestraße 22, 72070 Tübingen // ÖPNV Bus 9, 11, 12, Haltestelle Haagtor, von dort ca. 1 Minute Fußweg // Öffnungszeiten Sommerzeit bis 22 Uhr, Winterzeit bis 20 Uhr // bis 8 Jahre

72_DER SPIELZEUGLADEN

Lenkdrachen und Blutkapseln

Frösche quaken hier zwar heutzutage nicht mehr, aber die Hausfassade haben sie erobert. Der Cheffrosch beobachtet mit seinem Fernglas aufmerksam das Treiben in der Gasse. Ein kleiner Junge mit seiner Mutter nähert sich zielstrebig dem Laden. Was er sich wohl aussuchen wird? Er jongliert bestimmt gern und lässt Drachen steigen. Oder benötigt die Mutter kleine Give-aways für den Geburtstag? Steht ihm vielleicht der Sinn nach Scherzartikeln wie Blutkapseln oder Zaubernarben? Oder ist er gerade in seiner Handwerkerphase und braucht dringend eine kleine Wasserwaage?

Seit über 40 Jahren gibt es diesen entzückenden Spielwarenladen in der Froschgasse. Die kleinen verwinkelten Räume mit den niedrigen Decken sind mit klassischem Spielzeug bestückt, das auch bei Junggebliebenen für Nostalgie sorgt und sie zurück in die Kindheit katapultiert. Hier gibt es Blechspielzeug zum Aufziehen, Jo-Jos und Kasperlfiguren, die auf ihren großen Auftritt warten, ein breites Sortiment an Brett- und Kartenspielen und Frisbees oder Indiacas für draußen. Daneben wetteifern Ritter und Dinos mit Holzspielzeug für das Puppenhaus, den Kaufladen oder den Zoo sowie mit frechen Living Puppets. Erste Musikinstrumente und Kindergitarren laden in die Welt der Töne ein. Und der Hit fürs Kinderfahrrad ist die Fahrradhupe Modell leuchtendes Entchen!

Einfach stöbern – an jeder Ecke macht man Entdeckungen. Alles ist ausgepackt und zum Anfassen da.

Ah, der kleine Junge ist gerade in seiner Top-Secret-Phase. Da sind Um-die-Ecke-Gucker und Spionstifte unerlässlich!

TIPP: Neben den Blutkapseln in der Froschgasse gibt es in der Metzgergasse die »Kichererbse«. In diesem vegetarischen Imbiss warten hausgemachte Falafeln auf hungrige Leckermäuler.

Adresse Spielzeugladen Froschgasse, Froschgasse 8, 72070 Tübingen, www.spielzeugladen-froschgasse.com // **ÖPNV** Bus 1–9, 11–13, 16–19, 21, 23, 826, 828, Haltestelle Stadtgraben, von dort ca. 2 Minuten Fußweg // **Öffnungszeiten** Mo–Fr 10–18 Uhr, Sa 10–15 Uhr (Dez. 10–16 Uhr) // für jedes Alter

73_DAS STADTMUSEUM

Die Abenteuer des Prinzen Achmed

Lust auf eine spannende Zeitreise in vergangene Jahrhunderte Tübingens? Dann ist man im Stadtmuseum genau richtig. Halsgeigen, Schwörstäbe und Schatztruhen erzählen im ehemaligen Kornhaus vom Leben der Menschen seit dem Mittelalter. Und wer noch mehr Spuren der Vergangenheit in der Altstadt entdecken möchte, verwendet die Actionbound-App. Für diese abenteuerliche Kinder-Stadtrallye können Tablets im Stadtmuseum ausgeliehen werden, und schon nimmt die kleine Entdeckerbande die Gassen der Altstadt unter die Lupe.

Aber das Stadtmuseum hütet noch einen weiteren ganz besonderen Schatz: den Nachlass der Scherenschnittkünstlerin Lotte Reiniger. Und die hatte echt was drauf: Nur mit Papier und Schere erschuf sie Figuren, die sie am Tricktisch zum Leben erweckte. Mit den »Abenteuern des Prinzen Achmed« hat sie 1926 den ersten abendfüllenden Animationsfilm der Welt kreiert, noch bevor Walt Disney seine Micky Maus auf die Kinoleinwand brachte. Wer selbst einen eigenen Trickfilm herstellen möchte, kann dies am Trickfilmtisch im KIDS, dem Aktionsraum für Kinder, tun. Dazu bietet das Museum Workshops für Kinder an, die auch zu Kindergeburtstagen buchbar sind. Ältere Geschwister können in dem Serious Game »Room of Memorys« interaktiv einen alten Dachboden erkunden.

Immer wieder gibt es spannende Mitmachausstellungen für Kinder und ihre Familien. Sie stehen allen offen – denn der Eintritt ins Stadtmuseum ist frei. Also ruhig mal öfters einen kleinen Abstecher ins Kornhaus machen!

TIPP: Gleich neben dem Stadtmuseum findet man das X. Seit 1972 gibt es hier Pommes mit Ketchup und Mayo durch das Straßenverkaufsfenster auf die Hand. Kurzfristige Rettung bei blank liegenden Nerven!

Adresse Kornhausstraße 10, 72070 Tübingen, www.tuebingen.de/stadtmuseum // ÖPNV Bus 1–9, 11–13, 16–19, 21, 23, 826, 828, Haltestelle Stadtgraben, von dort ca. 4 Minuten Fußweg // Öffnungszeiten Mi, Fr–So 11–17 Uhr, Do 11–19 Uhr; Eintritt frei; Infos zu Workshops, Kindergeburtstagen und Ferienprogrammen siehe Website; barrierefrei // ab 4 Jahre

74_DER STEINENBERGTURM

Für den besonderen Kick

Kleine Türmekletterer werden diese Herausforderung begeistert annehmen: Heute geht es auf den Steinenbergturm. Er wurde in luftiger Stahlfachwerkbauweise bereits 1898 vom Tübinger Verschönerungsverein in Auftrag gegeben und ist zwölf Meter hoch. Aber keine Angst! Zwischenzeitlich wurde er jedoch längst saniert. Oben angekommen, lässt man sich auf einem Bänkchen nieder und genießt den wunderbaren Rundblick auf Tübingen bis zur Schwäbischen Alb und zum Schwarzwald. Highlights wie das Schloss Hohentübingen, der Schwärzlocher Hof und die Wurmlinger Kapelle stechen heraus. Ein Fernglas mitzunehmen schadet also nicht.

Am Fuß des Steinenbergs laden Streuobstwiesen zu einem Picknick ein. Hier kann man sonntagmorgens ein gemeinsames Familienfrühstück genießen. Die Wiesen eignen sich hervorragend zum Chillen und Tollen.

Anschließend lässt sich noch ein kleiner Spaziergang entlang der drei ausgeschilderten Hügelwege unternehmen. Man hat die Qual der Wahl zwischen Albblick-, Turm- oder Steinenbergtour. Sie sind alle um die zwei Kilometer lang und in einer guten Dreiviertelstunde zu schaffen, also auch für kleinere Kinder bestens geeignet. Wer barrierefreie, befestigte Wege bevorzugt, wählt die Steinenbergtour oder die Albblicktour. Bei letzterer Tour begleitet einen die blaue Mauer der Schwäbischen Alb. Alle anderen nehmen die Turmtour, auf der man sowieso schon unterwegs ist.

Adresse Steinenberg, 72076 Tübingen; Koordinaten: 48°31'53.6"N 9°01'48.5"E // ÖPNV Bus 5, 13, 17, 18, Haltestelle Auf der Morgenstelle, von dort ca. 12 Minuten Fußweg // Öffnungszeiten jederzeit frei zugänglich // ab 3 Jahre

TIPP: Wie wäre es mit einem Abstecher zum Klinikum Berg, um ausgefallene Architektur zu bewundern? Vor dem Institut für Mikrobiologie und Virologie steht eine Marmorskulptur von Fernando de la Jara, in der einmal ein Student bei einer Mutprobe stecken blieb und von der Feuerwehr befreit werden musste. Nicht zur Nachahmung empfohlen!

75_DIE STEINLACHALLEE

Wo sich Reiher und Eisvogel ein Stelldichein geben

Auf der einen Uferseite geht's raus aus Tübingen, auf der anderen Uferseite wieder zurück. Beiderseits verläuft auf einer Länge von ungefähr dreieinhalb Kilometern ein Fußweg unter großen Ahornbäumen. Die Wege sind eben und meist asphaltiert und mit jeder Menge Gelegenheiten zur Umkehr an kleinen Brücken wie dem Ponte Carlo ausgestattet. Man kann den Kinderwagen schieben, Laufrad und Fahrrad fahren oder gemütlich schlendern. Zwar kann es manchmal eng werden, und allein ist man selten, aber entlang der Steinlach zu spazieren ist einfach schön.

Die 25 Kilometer lange Steinlach, die am Albtrauf entspringt und dann schnurstracks ihr Ziel, den Neckar beim Casino, anvisiert, ist ab ihrem Eintritt ins Tübinger Stadtgebiet kanalisiert. Aber das mindert ihren enormen Freizeitwert nicht im Geringsten. Für Kinder ist es wunderbar, am Ufer zu hüpfen, die Füßchen ins Wasser zu strecken – im Sommer vielleicht auch noch mehr –, ein Picknick mit Mama und Papa zu machen oder einfach zu chillen.

Auch Wasservögeln gefällt es hier. Grau- und Silberreiher geben sich ein Stelldichein, und Glückspilze bekommen sogar Eisvögel – diese kleinen, blau-gelb schillernden Prachtexemplare mit ihren spitzen langen Schnäbeln – zu Gesicht. Dazu braucht es ein gutes Auge und vermutlich mehrere Versuche. Die besten Chancen hat man in der vegetationsarmen Zeit, wenn sie nicht so leicht im grünen Blätterdickicht abtauchen können. Während der Brutzeit ist die Umgebung ihrer Bruthöhle meist abgesperrt. Also bitte nicht stören!

Adresse Steinlachallee, 72072 Tübingen // **ÖPNV** Bus 5, Haltestelle Moltkestraße // **Öffnungszeiten** jederzeit frei zugänglich // für jedes Alter

TIPP: Beim Raketenspielplatz in der Memminger Straße lässt es sich rutschen, schaukeln, wippen und hangeln. Und für Größere gibt's ein Volleyballfeld, einen Basketballkorb und eine Tischtennisplatte zum Sporteln.

76_DIE STERNWARTE

Auf dem Mond spazieren

Mein Vater erklärt mir jeden Samstag unseren Nachthimmel. Hoffen wir mal, dass nicht alle Papas so eifrig sind. Aber mit diesem Merkspruch lässt sich wunderbar die Reihenfolge der Planeten merken: Merkur, Venus, Erde, Mars, Jupiter, Saturn, Uranus und Neptun. Der kleine Pluto ist mittlerweile ja weggefallen, er ist nur noch ein Zwergplanet. Star-Wars-Kids leben ihre Weltraumphantasien immer wieder aufs Neue aus, und kleine Astronomen können gar nicht genug von diesen fernen Welten im All bekommen. Da geht es ihnen nicht anders als berühmten Tübinger Astronomen wie Johannes Stöffler, Johannes Kepler und Johann Gottlieb Friedrich Bohnenberger, die hier in der Vergangenheit ihre Blicke zu den Sternen richteten.

Auf der Waldhäuser Höhe steht eine Sternwarte aus den 1950er Jahren – schon optisch ein kleines Sternchen. Mit einem Zeiss-Refraktor mit 30 Zentimeter Durchmesser und 5 Meter Brennweite lassen sich bei klarem Himmel tagsüber die Sonne und nachts der Sternenhimmel beobachten. Dazu bietet die Astronomische Vereinigung Tübingen regelmäßig Führungen an. Auch wenn man nicht ganz in der Materie der Sonnenflecken, Orionnebel und Perseiden drin ist, allein schon mit der hydraulischen Hebebühne hochgefahren zu werden ist ein besonderes Erlebnis. Und wenn sich dann die Lärchenholzkuppel des Observatoriums öffnet und den Blick auf den nächtlichen Himmel freigibt, wird es magisch. Ferne Welten sind plötzlich ganz nah.

Mit dem Ins-Bett-Gehen wird's dann zwar wie an Silvester, aber am Sonntag kann ja ausgeschlafen werden!

TIPP: Gleich neben der Sternwarte verläuft ein Planetenweg, und an der »Lebenden Analemmatischen Sonnenuhr« zeigt man selbst als Schattenwerfer die Uhrzeit an. Gleich mal ausprobieren!

Adresse Waldhäuser Straße 70, 72076 Tübingen, www.sternwarte-tuebingen.de // **ÖPNV** Bus 3, Haltestelle Sternwarte, von dort ca. 1 Minute Fußweg // **Öffnungszeiten** Sternführungen: Okt.–Mai Sa 21 Uhr bei klarem Himmel; Sonnenführungen: So 11 Uhr; genaue Termine und Führungsanfragen für Kinder auf der Website // ab 6 Jahre

77_DIE STOCHERKÄHNE

Mit Käpt'n Spätzle auf Schatzsuche

Stocherkähne ziehen in Tübingen gemächlich ihre Kreise um die mit Platanen bewachsene idyllische Neckarinsel. Einmal im Jahr legen sie sich jedoch kräftig ins Zeug: An Fronleichnam findet das berühmte Stocherkahnrennen statt. Pro Kahn kämpft ein Achterteam bei diesem einzigartigen Bootsrennen studentischen Ursprungs um Ruhm und Ehre. Das Spektakel ist riesig, Tausende Zuschauer feuern die Kähne lautstark von der Insel, den Brücken und der Mauer des Neckars aus an, erfreuen sich an den originellen Kostümen, für die ein Sonderpreis lockt, und bejubeln Siegermannschaft und Verliererteam. Letzteres benötigt offensichtlich eine Stärkung – einen halben Liter ekligen Lebertran müssen die Schlusslichter vor aller Augen schlucken!

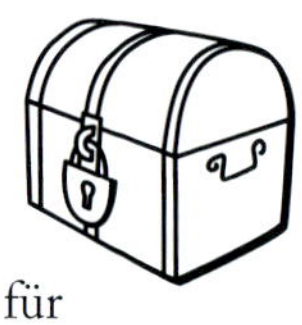

Nicht ganz so wild geht es bei Käpt'n Jakob Spätzle alias Jack Sparrow zu. Ein gefürchteter Freibeuter des mittleren Neckarraums, aber mit einem großen Herz für Kinder. An heißen Sommertagen lädt er lustige Piratengruppen zu einer spritzigen Stocherkahnfahrt rund um die Neckarinsel ein. Und mit einer geheimnisvollen Karte bewaffnet findet nach der Umstocherung eine Schatzsuche im Biergarten der Neckarmüllerei statt. Denn was wäre ein echter Pirat ohne Schatz? Wenn das nicht ein abenteuerlicher Kindergeburtstag wird!

Übrigens gibt es von Mai bis September täglich um 13 Uhr und samstags auch um 17 Uhr öffentliche Stocherkahnfahrten für Einzelpersonen. Tickets dazu gibt es nur im Vorverkauf beim Bürger- und Verkehrsverein an der Neckarbrücke.

TIPP: Auch Tret- oder Ruderbootfahren auf dem Neckar macht enorm Spaß. Ausleihen kann man die Boote ohne Voranmeldung bei der Bootsvermietung Märkle direkt unterhalb der Touristeninformation des Bürger- und Verkehrsvereins an der Neckarbrücke.

Adresse Anlegestelle Casino, Wöhrdstraße 25, 72070 Tübingen // ÖPNV Bus 1–13, 16–19, 21–23, Haltestelle Neckarbrücke, von dort ca. 3 Minuten Fußweg // Öffnungszeiten April–Okt. Kindergeburtstag »Der Schatz von Käpt'n Spätzle«; Mai–Sept. öffentliche Stocherkahnfahrten täglich 13 Uhr, Sa zusätzlich 17 Uhr, buchbar beim BVV Tübingen Tourist & Ticket-Center unter Tel. 07071/91360 oder www.tuebingen-info.de // 7–12 Jahre

78_DIE TARZANSCHAUKEL

Urwald-Feeling im Französischen Viertel

Schaukeln, schwingen, tiefe Schluchten überwinden. Nervenkitzel für Mutige, die sich dabei wie Tarzan und Jane im Dschungel fühlen. Damit kann der Wald an der Blaulach im Französischen Viertel punkten. Wie das Seil dort hingekommen ist, das wie eine Liane über einem dicken Ast an einem großen Baum hoch über der tiefen Schlucht hängt, kann niemand mehr so genau sagen. Aber die Tarzanschaukel ist da und lässt Kinderherzen höher schlagen. Keine fertige Spielplatzkonstruktion, sondern ein handgemachtes Einzelstück. Die Schlucht eignet sich auch hervorragend zum Klettern von Wurzel zu Wurzel. Das Sonntagsgewand sollte man daher lieber im Schrank lassen.

Im renaturierten Bereich der Blaulach hinter dem Mirabeauweg können Kinder wunderbar naturnah am Wasser spielen und den Fluss im Winter sogar als Schlittenrutsche benutzen. Spaziert man die Blaulach weiter entlang nach oben in den Wald zur Tarzanschaukel, entdeckt man rechter Hand auch die vielen bunten Wagen der beiden Wagenburgen Kuntabunt und Bambule. Alternative Wohnformen, die mit ganz wenig Platz auskommen und unmittelbar ans Französische Viertel grenzen. Oft sieht man auch die beiden Kühe der Wagenburgen genüsslich am Ufer der Blaulach grasen. Und an ihrem Stall läuft man immer vorbei. Für Kids gibt's hier also allerhand zum Entdecken.

Adresse an der Blaulach bei den Wagenburgen, 72072 Tübingen; Koordinaten: 48°30'29.6"N 9°04'42.1"E // **ÖPNV** Bus 1, Haltestelle Wankheimer Täle, von dort ca. 4 Minuten Fußweg // **Öffnungszeiten** frei zugänglich; Benutzung der Schaukel auf eigene Gefahr // ab 5 Jahre

TIPP: Dreht man von der Tarzanschaukel aus eine kleine Runde um die Wagenburgen und biegt dann auf die asphaltierte Panzerstraße nach links oben ab, kommt man zu einem schönen Grillplatz.

79_DIE TREPPEN-CHALLENGE

Wie viele Stufen zählst du?

Tübingen ist hügelig: Österberg, Schlossberg, Waldhäuser-Ost, Denzenberg, Schnarrenberg, Herrlesberg, Galgenberg. Da heißt es: Nicht kneifen, sondern ran an die sieben Hügel! Viele Staffeln, Stiegen und Steigen führen in luftige Höhen und bieten Fußgängern kürzere, aber dafür eben auch steilere Verbindungswege. Die wollen erst einmal gemeistert werden, nach dem Motto: Wie viele Treppenstufen schaffst du locker?

Wir starten in der Gartenstraße 105 und steigen linker Hand die schmalen Treppenstufen des Hundkapfwegs hinauf. 283 Stufen gilt es zu nehmen. Dann folgt man der Fritz-Bauer-Straße immer weiter nach oben bis zur Stauffenbergstraße, dort biegt man links ein, bis ein weiterer Weg rechter Hand und Treppen nach oben führen. Puh! Der Aufstieg ist geschafft, und am Österbergspielplatz kann man erst mal Pause machen. Wer noch höher hinauswill, erklimmt den Österbergturm aus dem Jahr 1891. Beim Turm geht es wieder treppab zur Stauffenbergstraße. Diese läuft man rechter Hand bis zum Haus Stauffenbergstraße 38, dann marschiert man den Österberg hinunter bis zur Schwabstraße, biegt wieder rechts ab, bis ein kleiner Fußweg links abzweigt. Jetzt kommen nochmals stolze 274 Stufen der Synagogenstaffel auf einen zu. Aber es geht ja bergab. Beim Synagogenplatz landet man wieder an der Gartenstraße. Kleine Rechenkünstler wissen jetzt ganz genau, wie viele Treppenstufen sie genommen haben!

TIPP: Ein weiterer Spielplatz liegt an der Gartenstraße in Höhe des Stauwehrs. Dem rauschenden Wasser von der Brücke aus zuzugucken ist auch nicht schlecht.

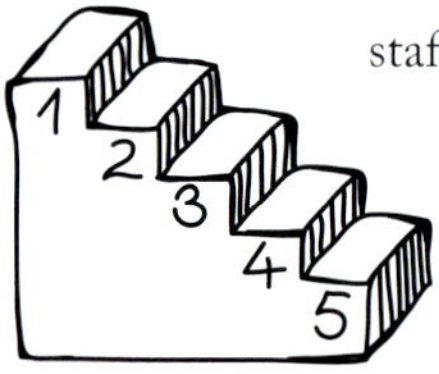

Adresse Start und Ende der Treppen-Tour: Gartenstraße, Bushaltestelle Hundskapfklinge, 72074 Tübingen // **ÖPNV** Bus 22, Haltestelle Hundskapfklinge // **Öffnungszeiten** jederzeit frei zugänglich // ab 5 Jahre

80_DIE VERSCHENKEKISTEN

Umsonst zu neuen Spielsachen

Das ist doch ein super Deal und nachhaltig noch dazu! Man wird seine nicht mehr benötigten Sachen los, die zum Wegwerfen eigentlich viel zu schade sind, und jemand anders freut sich mordsmäßig darüber. Schlendert man offenen Auges durch die Straßen Tübingens, trifft man des Öfteren auf »Zu verschenken«-Kisten. Wer hat nicht schon mal einen kurzen Blick hineingeworfen und vielleicht sogar etwas mitgenommen?

Wie wäre es heute mit einem gemeinsamen Familien-Kistenspaziergang? Für Kinder ist das wie eine spannende Schatzsuche. Mal schauen, welche Überraschungen in den Kisten stecken. Ein Comic, ein Spielzeugtierchen oder eine kleine Schultafel? So unverhofft kommt man sonst nicht zu neuen Spielsachen. Und man lernt Tübingen ganz nebenbei auf eine neue Weise kennen. Und falls nach Elternmeinung doch zu viel Unsinniges abgestaubt wird, ist das auch kein Weltuntergang. Erstens kann man es selbst in eine Verschenkekiste packen, und zweitens lässt es sich ja immer noch entsorgen.

Ein Hinweis für diejenigen, die ihre ungenutzten Schätze weitergeben wollen: Offiziell ist es leider nicht erlaubt, ausrangierte Dinge auf den Gehweg oder öffentliche Plätze zu stellen. Die Gefahr der Vermüllung und Behinderung ist zu groß. Aber natürlich darf jeder auf seinem eigenen Grundstück etwas zum Verschenken abstellen. Wenn die Sachen jedoch nicht mitgenommen werden, bitte selbst zeitnah und fachgerecht entsorgen!

TIPP: Wer nicht mehr benötigte, gut erhaltene Kinderkleidung oder Spielzeug verschenken will, kann sich gern an den Deutschen Kinderschutzbund Ortsverein Tübingen in der Keplerstraße 5 wenden (www.deutscher-kinderschutzbund-tuebingen.de).

Adresse überall in den Straßen Tübingens, zum Beispiel Nauklerstraße, 72074 Tübingen // **ÖPNV** TüBus Sa kostenlos // **Öffnungszeiten** frei zugänglich // ab 5 Jahre

81_VON KLEIN AUF

Wohnzimmertheater für die Allerkleinsten

Mit kleinen Kindern in ein Theater gehen? Still sitzen, zuhören – das wird so nicht klappen. Aber es gibt andere Wege, mit denen der Verein »Von klein AUF«, ein Netzwerk von lokalen Akteurinnen aus dem Bereich Tanz, Theater, Kunst, Fotografie, Film, Musik und Figurenspiel, experimentiert. Die Idee: Nicht Kinder gehen ins Theater, sondern das Theater kommt zu den Kindern. In Kindergärten, Stadtteiltreffs, Familienbildungsstätten und in die eigenen Wohnzimmer. Erste Theatererfahrungen in einer vertrauten Umgebung und Atmosphäre, in der sich Kinder und Eltern sicher und wohl fühlen.

Mit einem grünen Teppich, einem abschirmenden Paravant und einem kleinen Puppenschränkchen verwandelt sich das eigene Zuhause in einen neuen Ort. Mit Hilfe von Musik, Bewegung, wenigen Worten und einzelnen Objekten werden alltägliche Geschichten in Szene gesetzt. Badet die Frau da wirklich hinter dem Puppenschränkchen? Da muss dann schon mal hingekrabbelt und genauer geguckt werden.

Denn die Akteurinnen von »Von klein AUF« sind davon überzeugt, dass durch Theater und Tanz auch schon die Allerjüngsten wertvolle ästhetische Erfahrungen machen und ihre Kreativität gefördert wird. Kunst und Kultur für alle von Anfang an – niemand ist zu jung dafür!

Die Projekte ändern sich immer wieder, aktuelle Termine und Veranstaltungen wie das alle zwei Jahre stattfindende »Von klein AUF Festival« findet man im Internet.

Adresse Völkerweg 14, 72072 Tübingen, www.vonkleinauf.org // **ÖPNV** Bus 13, Haltestelle Alexanderstraße, von dort ca. 3 Minuten Fußweg // **Öffnungszeiten** Infos und Anfragen per E-Mail an info@vonkleinauf.org // 1–6 Jahre

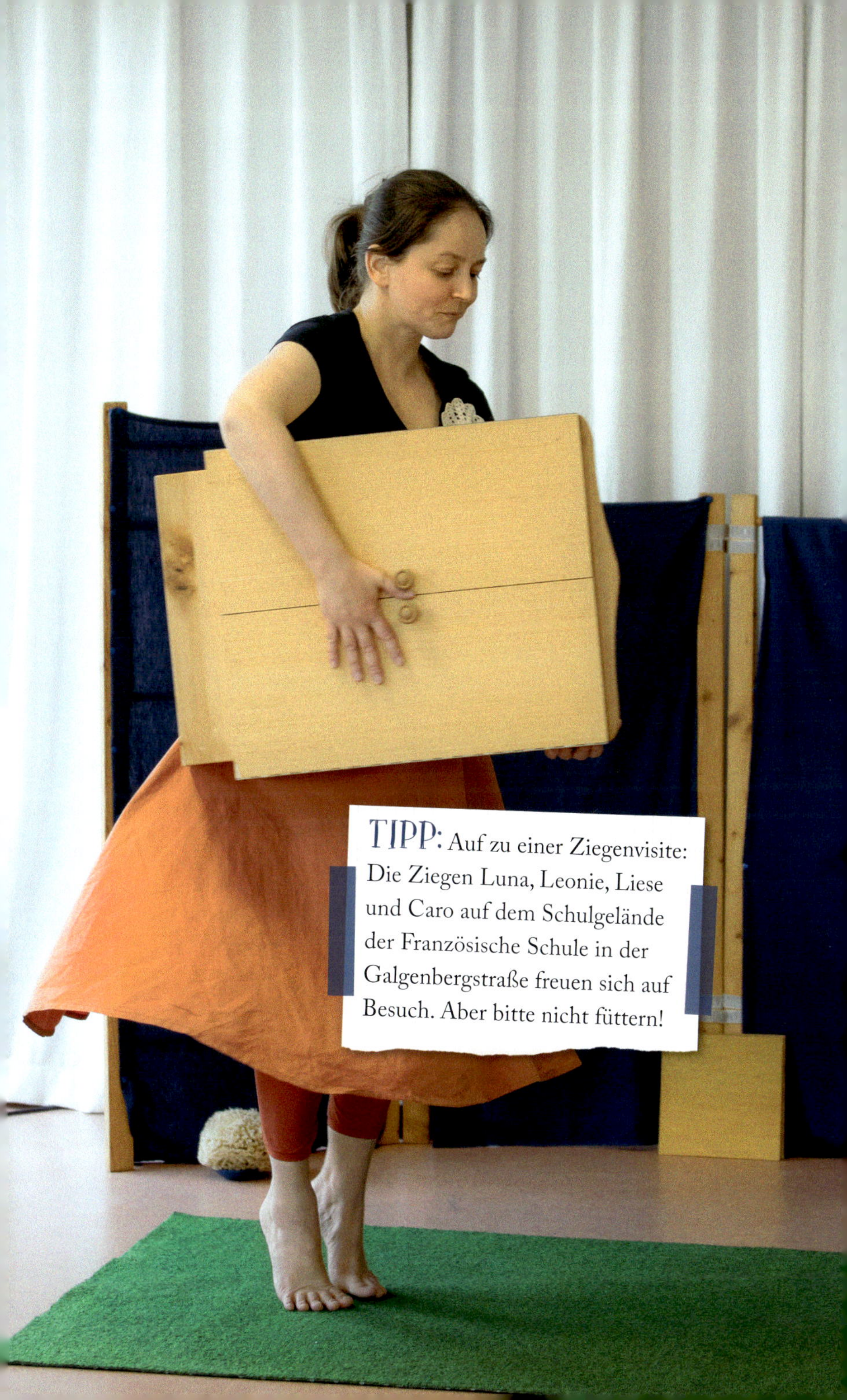

TIPP: Auf zu einer Ziegenvisite: Die Ziegen Luna, Leonie, Liese und Caro auf dem Schulgelände der Französische Schule in der Galgenbergstraße freuen sich auf Besuch. Aber bitte nicht füttern!

82_DER WALZENSPIELI

Baustelle betreten erwünscht

Dass Kinder ihren Unmut vehement äußern können, ist allen Eltern meist vom ersten Schrei ihres süßen Nachwuchses an bewusst. Den gilt es sofort zu besänftigen, man will ja keine Eskalation riskieren. Mit der Zeit lernen Kinder die Regeln des Zusammenlebens, und es wird klar: Lautes Schreien kann und darf nicht immer zum Erfolg führen. Aber manchmal lohnt es sich schon.

Jahrelang stand eine 20 Tonnen schwere Dampfwalze auf dem Spielplatz direkt neben der Musikschule. Das war die Attraktion vor und nach dem Flötenunterricht. Aber irgendwann nagte der Zahn der Zeit an dieser echten Dampfwalze, sodass sie abgebaut werden musste. Die Kinder waren unglaublich enttäuscht, ein regelrechter Kinderprotest formierte sich. Und hatte Erfolg!

Das Ergebnis: Eine Baustelle zum Spielen wurde errichtet. Mit Kran, Dampfspielwalze und Betonmischer, also allem, was Kinderaugen zum Leuchten bringt. Fast wie echtes Baustellengucken und irgendwie noch viel besser, denn man darf die Baustelle betreten und bespielen.

Und für Bewegung für die größeren Geschwister und Eltern ist ebenso gesorgt. Ein Bewegungsparcours mit Modulen für Koordination, Kraft, Mobilisierung und Ausdauer grenzt direkt an den Spielplatz. Besonders viel Spaß macht auch den Kleinen der Wurf von angeketteten Bällen in unterschiedlich hohe Basketballkörbe. Top! Man braucht sich nicht ständig zum Ballaufheben zu bücken. Ein echt toller Spielplatz für Kinder, die Baustellen lieben, und sportliche Eltern.

Adresse Frischlinstraße, 72074 Tübingen // **ÖPNV** Bus 1, 2, 7, 21, Haltestelle Pauline-Krone-Heim // **Öffnungszeiten** jederzeit frei zugänglich // für jedes Alter

TIPP: Wer zwischendurch eine kleine Brezel- oder Kuchenstärkung braucht, wird sicher im Café Lieb in der Wilhelmstraße fündig.

83_DER WASCHPARK B27

Nervenkitzel in der Autowaschanlage

Wer kennt nicht dieses beklemmende Gefühl aus der eigenen Kindheit: Man sitzt gefangen im Inneren des Autos, alle Fenster sind geschlossen, Türen und Kofferraum sind zu, der Leerlauf ist eingelegt, die Handbremse gelöst. Das Auto wird wie von Zauberhand Zentimeter für Zentimeter weitergeschoben. Für ein paar Minuten kann man es nicht verlassen. Riesige Wasserbürsten rollen von der Motorhaube über das Dach nach hinten zum Kofferraum. Überall ist Wasser, es schäumt – bei der Titan-2-Stufen-Versiegelung sogar bunt –, es spritzt, ein dröhnendes Geräusch.

Man hat das Gefühl, in einem See zu ertrinken. Schaffe ich es, hier lebend wieder rauszukommen? Aber klar doch! Das ist doch nur eine Autowaschanlage. In dreieinhalb Minuten ist der Nervenkitzel vorbei, und die Türen und Fenster können wieder geöffnet werden. Die Gefahr ist gebannt.

Kinder lieben diese Spannung und werden begeistert jede Woche wieder ein sauberes Auto haben wollen. Dieses Erlebnis erwartet einen in der »ökologischsten Waschstraße der Welt«, im Waschpark B 27. Man nutzt dort Regenwasser, das Waschwasser kommt in die hauseigene Kläranlage, elektrische Energie wird über eine Photovoltaikanlage selbst erzeugt und Warmwasser zusätzlich durch Solarthermiemodule erhitzt. Dafür gab es sogar den Umweltpreis der Stadtwerke Tübingen 2020!

Viel Spaß macht auch die Fußmattenreinigung danach. Aber aufgepasst: Fußmatte gut festhalten!

Adresse Au-Ost 5, 72072 Tübingen, www.waschparkB 27.de // **Anfahrt** vom Bahnhof über Poststraße, Blaue Brücke und B 28 auf Eisenbahnstraße, dann rechts abbiegen auf Au-Ost // **Öffnungszeiten** Mo–Sa 7.30–20 Uhr; Happy Hour: Mo–Sa 7.30–10 Uhr und 19–20 Uhr // ab 4 Jahre

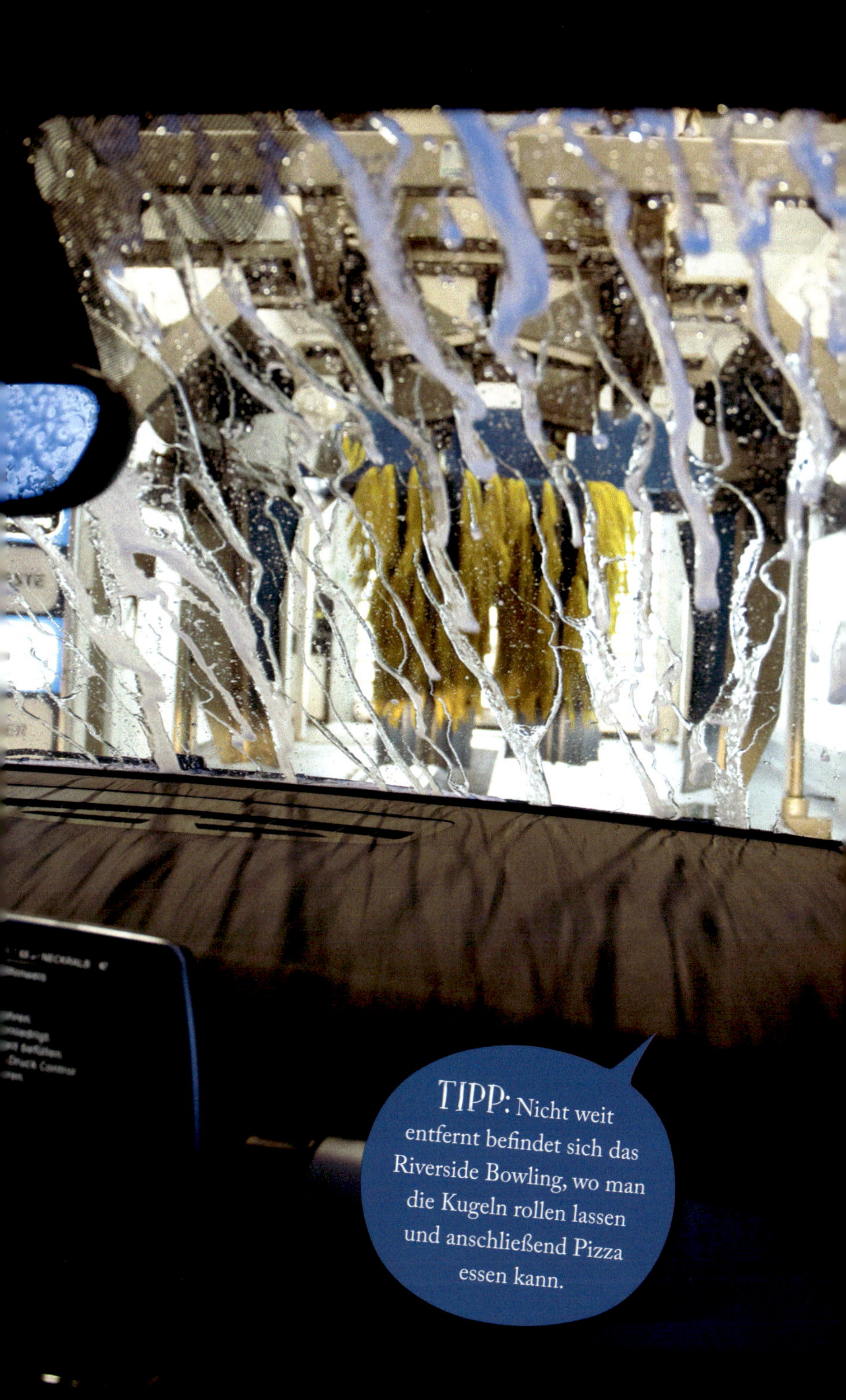

TIPP: Nicht weit entfernt befindet sich das Riverside Bowling, wo man die Kugeln rollen lassen und anschließend Pizza essen kann.

84_DER WASSERFALL

Abenteuerlich versteckt

Richtig gehört: Mitten in Tübingen befindet sich ein kleiner Wasserfall. Gespeist vom Käsenbach, einem kleinen, 2,6 Kilometer langen Bach, dessen zwei Quellen auf der Wanne nahe dem Parkplatz beim Luise-Wetzel-Stift und im Botanischen Garten entspringen. Diesen Wasserfall zu finden ist nicht gerade einfach. Man folgt dem Weg vom geografischen Mittelpunkt Baden-Württembergs aus rund 270 Meter nach unten. Gegenüber dem dritten alten Gartentörchen linker Hand steigt man hinab zum Wasserfall. Vorsicht: Sobald man den asphaltierten Weg verlässt, geht es steil eine Abbruchkante hinunter. Kinder unbedingt an die Hand nehmen! Das ist nichts für ganz kleine Kids, für den Abstieg sollten sie schon richtig gut klettern können. Denn möchte man zum Wasserfall runter, geht das nur, indem man sich an Wurzeln und Ästen festhält. Das ist natürlich ein richtiges Abenteuer. Aber auch der Blick von oben ist beeindruckend.

Das idyllische Käsenbachtal fanden schon Dichter und Studenten im 19. Jahrhundert so schön, dass sie gern durch ihr »Elysium« lustwandelten. Alte Weinbergterrassen, reizvolle kleine Weingärtnerhäuschen, Streuobstwiesen und ein schattiges Wäldchen säumen die Wege links und rechts des Käsenbachtals. Für die Tier- und Pflanzenwelt ist diese grüne Oase mitten in Tübingen unschätzbar wertvoll: Zahlreiche Vogel-, Insekten-, Schmetterlings- und Fledermausarten haben hier ihr Traumrevier gefunden. Mit etwas Glück kreuzt ein kleiner Feuersalamander nach einem abendlichen Regenguss den Weg.

Adresse Käsenbachtal, 72076 Tübingen; Koordinaten: 48°32'06.9"N 9°02'27.9"E // **ÖPNV** Bus 5, 13, 17, Haltestelle Beethovenstraße, von dort ca. 12 Minuten Fußweg // **Öffnungszeiten** immer zugänglich // ab 6 Jahre

TIPP: Er ist nicht wirklich spektakulär, aber zum Spaßhaben reicht der Waldspielplatz Cranachweg allemal. Auf dem Weg vom geografischen Mittelpunkt zum Wasserfall zweigt links ein kleiner Pfad hinauf zum Spielplatz ab.

85_DAS WERKSTADTHAUS

Kreativ- und Partyzone für Kids

Gibt es eigentlich etwas Schöneres als zu basteln? Kinder lieben es, zu schneiden, zu kleben, zu falten, zu bauen, zu malen, mal ohne den Druck, gleich etwas künstlerisch Wertvolles produzieren zu müssen. Am besten mit einfachen, alltäglichen Dingen, die schnell zur Hand sind und zu neuem Leben erweckt werden können – auch Upcycling genannt. Sie sprudeln nur so vor Kreativität und Ideen. Hat man jemals schon so extravagante Hüte gesehen?

In den Ferienkursen des Werkstadthauses können Kinder ihrer Kreativität freien Lauf lassen. Nicht jeder hat genügend Bastelmaterial und Platz zu Hause, und außerdem macht das gemeinsame Werkeln einfach viel mehr Spaß. Etwas Besonderes ist auch jedes Jahr die Woche für Schulanfänger. Bis die Schule losgeht, sind sie herzlich willkommen in der Künstlerkolonie.

Das Werkstadthaus ist jedoch noch viel mehr: Stadtteiltreff, Versammlungs- und Veranstaltungsort, Reparaturcafé, offene Werkstatt für Holz, Metall und Ton, Fahrradwerkstatt, Nähcafé. Gemeinschaftsgärten, Kleider- und Pflanzentauschbörsen oder der Koffermarkt werden vom Verein »Werkstatt für Eigenarbeit« organisiert. Jeder kann sich mit seinen Fähigkeiten einbringen und beim Selbermachen andere anleiten. Hat man einmal zugeschaut, schafft man es beim nächsten Mal bestimmt selbst.

Für Kids ist das Werkstadthaus auch ein wunderbarer Ort zum Feiern von Geburtstagen. Räumlichkeiten samt Geschirr können gemietet werden, und gleich nebenan plätschert die Blaulach, sodass auch der idyllische Außenbereich mit einbezogen werden kann.

Adresse Aixer Straße 72, 72072 Tübingen, www.werkstadthaus.de // ÖPNV Bus 4, 13, Haltestelle Aixer Straße, von dort ca. 2 Minuten Fußweg; Bus 1, Haltestelle Wankheimer Täle (direkt vor dem Haus) // Öffnungszeiten Infos zu Ferienwochen, Kinderkursen und Kindergeburtstagen siehe Website // ab 5 Jahre

TIPP: Der Jugendraum »Mixed Up« ist ein Treffpunkt für Jugendliche des Lorettoviertels und des Französischen Viertels. Bei den Pferdeställen 24 stehen auch coole Graffitiwände.

86_DER ZIRKUS ZAMBAIONI

Manege frei für …

Ein Besuch im Zirkus ist eine tolle Sache, aber selbst in der Manege zu stehen ist noch mal eine ganz andere Nummer. Der Verein Zirkus Zambaioni wartet seit 1994 mit besonderen zirkuspädagogischen Angeboten für Kinder, Jugendliche und junge Erwachsene auf. Nicht Zirkus, nicht Sport, sondern etwas dazwischen, das ist Zirkuspädagogik.

In zahlreichen Kursen von Zambambini über Zambarino bis hin zum Zambaioni-Ensemble trainieren Kinder ab sechs Jahre Jonglage, Akrobatik, Diabolo, Drahtseil, Rope Skipping, Trapez, Trampolin, Vertikaltuch, Einrad, Poi, Feuershows, aber auch Clownerie, Tanz und Bewegungstheater. Dabei werden die individuellen Begabungen jedes Einzelnen entdeckt, die eigenen Grenzen überwunden, und das soziale Miteinander wird gefördert. Jedes Kind soll seine Stärken und seinen Platz in der Gruppe finden. Was selbstverständlich auch für Inklusionskinder gilt, nach dem Motto: »Jeder ist bedeutsam für das Gesamtbild!«

Zambaioni bietet eine spannende Verknüpfung von körperlicher und kreativer Aktivität, die natürlich auch vor Publikum gezeigt werden möchte. Höhepunkte sind die Zeltaufführungen im eigenen Zirkuszelt auf der Derendinger Festwiese, für die das Zambaioni-Ensemble jedes Jahr ein neues phantastisches Programm entwickelt. 50 bis 60 Jugendliche von 11 bis 18 Jahren trainieren dafür gemeinsam mit viel Herzblut, auch die Familien helfen mit. Und wenn dann das zirkuseigene Orchester erklingt, heißt es: Ab in die Manege!

TIPP: Auf dem Lorettoplatz gibt es Wasserspiele mit extrem niedrigem Wasserlauf und einen Mini-Sandspielplatz mit Wasserschlange. Vielleicht schaffen es manche Eltern sogar, ihren Nachwuchs vom Biergarten der Gaststätte Loretto aus im Blick zu behalten.

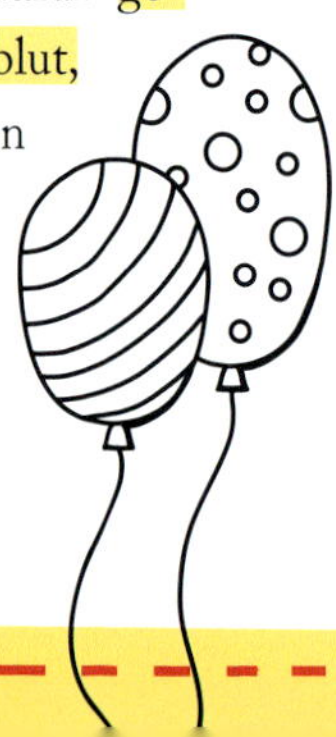

Adresse Lorettoplatz 2, 72072 Tübingen; Zirkuszelt auf der Derendinger Festwiese, 72072 Tübingen, www.zambaioni.de // **ÖPNV** Bus 3, 13, Haltestelle Loretto, von dort ca. 4 Minuten Fußweg; Bus 5, 16, Haltestelle Derendinger Bahnhof, von dort ca. 2 Minuten Fußweg // **Öffnungszeiten** Infos zu Kursen und Zeltaufführungen siehe Website // ab 6 Jahre

87_DIE ZOOLOGISCHE SAMMLUNG

Auge in Auge mit Luchs und Fuchs

An einem unscheinbaren Gebäude direkt an der Mensa in der Wilhelmstraße fallen einem an der Außenwand ein paar aufgemalte Tiere auf. Was sich wohl dahinter verbirgt? Mit über 10.000 Wirbeltierpräparaten plus Insekten und anderen wirbellosen Tieren knackt diese Sammlung locker eine sechsstellige Zahl und zählt damit zu den größten zoologischen Universitätssammlungen Deutschlands. Zwei Schausäle sind zugänglich und eine wahre Inspirationsquelle für junge Tierspezialisten. Hinter Glas und präpariert warten die Exponate darauf, aus nächster Nähe inspiziert zu werden.

Der obere Saal ist der westlichen mitteleuropäischen Artenvielfalt gewidmet. Um eine derartige Vielfalt an heimischen Wirbeltier- und Insektenarten zu Gesicht zu bekommen, muss man in Deutschland lange suchen. Auf Wildkatze, Luchs und Wolf stößt man gleich am Eingang. Sie galten in unseren Gefilden lange Zeit als ausgestorben, sind jedoch wieder auf dem Vormarsch. Für den Gänsegeier ist es dagegen viel schwieriger, wieder Fuß zu fassen. Aufgrund von Hygienevorschriften findet er keine Tierkadaver mehr.

Nichteuropäische Säugetiere wie Orang-Utans, Katzenbären, Schnabeltiere und Paradiesvögel bevölkern die historischen Vitrinen des unteren Saales, die nach biogeografischen Gesichtspunkten geordnet sind.

In einer Welt, die mit täglichem Artensterben zu kämpfen hat, werden solche systematischen Schausammlungen immer wichtiger. Wer weiß, welche Art in Zukunft nur noch hinter Glas zu bewundern sein wird?

TIPP: Absolute Vitaminspritzen sind die grandiosen Fruchtshakes in Geschmacksrichtungen wie Orange-Mango-Kiwi in der Cafeteria Unibibliothek in der Wilhelmstraße. Besser und günstiger geht es nicht!

Adresse Zoologische Schausammlung, Sigwartstraße 3, 72076 Tübingen, www.unimuseum.de // ÖPNV Bus 1–9, 11–13, 16–19, 21, 23, Haltestelle Hölderlinstraße, von dort ca. 3 Minuten Fußweg; Bus 2–4, 6, 17, Haltestelle Uni/Neue Aula, von dort ca. 2 Minuten Fußweg // Öffnungszeiten Mi, Do 9–12 und 13–16 Uhr, Anfragen an Dr. Erich Weber unter Tel. 07071/2972668 oder Jürgen Rösinger unter Tel. 07071/2972616 // ab 6 Jahre

88_DAS JAGDSCHLOSS

Küche, Klo und Klavier

Geht es nicht den meisten so? Schlösser und ihre Prunkräume anzuschauen ist spannend, endlose Ahnengalerien und Stammbäume zu betrachten eher weniger. Doch wenn es um die alltäglichen Verrichtungen geht – kurz: Küche und Klo –, ist man wieder voll dabei. Ja, wie war das damals? Wo ging eine Königin auf die Toilette? Wo wurde sie geschminkt und frisiert? Wie wurde denn für so viele Leute ohne Elektroherd und Spülmaschine gekocht? Das möchten auch Kinder gern wissen.

Im Jagdschloss Bebenhausen findet man Antworten. Im Appartement der letzten württembergischen Königin Charlotte, die bis zu ihrem Tod 1946 in Bebenhausen gelebt hat, kann man ein Ankleidezimmer und ein Badezimmer aus der Zeit des Ersten Weltkrieges besichtigen, beide damals sehr modern. Ein Marmorwaschtisch mit Hähnen für kaltes und warmes Wasser nebst einer kleinen Brause zum Haarewaschen, eine Dusche, eine Badewanne mit Klingelzug für die Dienerschaft, eine Jugendstil-Toilette mit ganz viel Platz zum Kleiderablegen und – ein Bidet. Was ist denn das, fragen die Kinder. Eine Popowaschmaschine, die nach dem Toilettengang aufzusuchen ist. Mit Unterdusche und allem Pipapo. Die Schlossküche mit ihrem riesigen Herd und einem Speiseaufzug ist nicht weniger beeindruckend. Das i-Tüpfelchen sind Kindergeburtstage oder Familienführungen in glanzvollen historischen Kostümen.

Adresse Im Schloss, 72074 Tübingen-Bebenhausen, www.kloster-bebenhausen.de // ÖPNV Bus 826, 828, Haltestelle Bebenhausen Waldhorn, von dort ca. 6 Minuten Fußweg // Öffnungszeiten 1. April–31. Okt. Di–Fr 11–17 Uhr, Sa, So, Feiertage 10–17 Uhr, 1. Nov.–31. März Di–Fr 14–17 Uhr, Sa, So, Feiertage 11–17 Uhr; Besichtigung der Innenräume nur im Rahmen von Führungen möglich, Infos zu Sonderführungen, kreativen Familienerlebnissen und Kindergeburtstagen siehe Website // ab 5 Jahre, Kindergeburtstage ab 6 Jahre

TIPP: Wer nach dem Jagdschlossbesuch Wild live sehen möchte, dem sei ein Spaziergang zum ungefähr 800 Meter entfernten Schwarzwildgehege mit Grillstelle empfohlen. Immer der Böblinger Straße in den Schönbuch hinein folgen.

89_DAS KLOSTER

Leben wie ein Mönch

Keine Heizung, nur kalte Stein- und Tonböden. Die ganze Nacht schlafen? Fehlanzeige. Nachts geht's raus zum Beten in die Kirche. Munter drauflosquasseln? Auf gar keinen Fall! Hier wird geschwiegen, Kommunikation gibt es nur per Handzeichen. Mal so richtig schmausen und lecker essen? Träum weiter! Hier gibt es kein Frühstück, kein Fleisch, nur Getreidebreie und Bohnen-, Erbsen- und Linsengerichte, und wenn man Glück hat, bekommt man auch mal Fisch. Das war's. Faulenzen und tun und lassen, was man möchte? Wo gibt's denn so was? Hier wird auf dem Feld gearbeitet, dicke Bücher werden von Hand abgeschrieben, und sieben Mal am Tag und einmal in der Nacht wird in der Kirche gebetet.

So sah das Leben eines Zisterziensermönchs im Mittelalter aus. Die dazugehörigen Räumlichkeiten im Kloster Bebenhausen, das Ende des 12. Jahrhunderts gegründet wurde, haben sich in einem bewundernswerten Zustand erhalten und laden geradezu ein, sich auf einen Trip ins Mittelalter zu begeben. Faszinierend für kleine Zeitreisende. Extrem spannend sind auch die Sonderführungen für Kinder, bei denen sie sich als Detektive auf die Suche nach einem verschwundenen Mönch machen und sich mit Tinte und Federkiel versuchen dürfen. Auch das Strohbett in einer Mönchszelle darf ausprobiert werden. Jetzt wird die Komfortzone verlassen, das Abenteuer kann beginnen!

Adresse Im Schloss, 72074 Tübingen-Bebenhausen, www.kloster-bebenhausen.de // ÖPNV Bus 826, 828, Haltestelle Bebenhausen Waldhorn, von dort ca. 6 Minuten Fußweg // Öffnungszeiten 1. April–31. Okt. Mo–So, Feiertage 9–17 Uhr, 1. Nov.–31. März Di–So, Feiertage 10–12 und 13–17 Uhr; Infos zu Sonderführungen, kreativen Familienerlebnissen und Kindergeburtstagen siehe Website // ab 5 Jahre, Kindergeburtstage ab 6 Jahre

TIPP: Ein kleiner Spielplatz zum Austoben befindet sich direkt neben dem Alten Schulhaus in Bebenhausen.

90_DER OLGAHAIN

Auf den Spuren einer echten Königin wandeln

Hoch über dem Kirnbach und dem Goldersbach liegt ein wildromantisches Waldstück wie im Dornröschenschlaf. Ein verwunschener Landschaftsgarten mit einem kleinen Teich, verfallenen Pfaden und steinigen Treppen mit Bänkchen zieht sich einen geschützten Hang hinauf. Aufgrund der Feuchtigkeit sind die Steine und Bäume bemoost, und Farne finden überall ihr Plätzchen. Ein wahrhaft märchenhafter Ort, der vor gut 150 Jahren einer leibhaftigen Königin gewidmet wurde: Königin Olga. Sie war eine russische Zarentochter und mit dem württembergischen König Karl verheiratet. Gemeinsam verweilten sie des Öfteren im nahe gelegenen Jagdschloss Bebenhausen. Übrigens ist das Kinderkrankenhaus Olgahospital in Stuttgart nach ihr benannt.

Beim Erklimmen der vielen Treppenstufen ist ein bisschen Vorsicht geboten, denn die bemoosten Steine können ganz schön rutschig sein. Oben angekommen, wartet noch eine weitere Attraktion: Dort befindet sich ein aufgelassener Rhätsandsteinbruch mit zwei Grillstellen und einer Regenschutzhütte. Toll zum Spielen und Würstchen-Brutzeln! Mit etwas Glück entdeckt man einen kleinen Haifischzahn im »Bonebed« der Rhätsandsteinschicht. Wer noch ein bisschen tiefer in die geologische Materie einsteigen will, der nimmt sich am besten den gesamten Geologischen Lehrpfad am Kirnbach vor, einen ungefähr 5 Kilometer langen Rundwanderweg mit 13 Stationen. Immer dem Schild mit dem Dino folgen, dann erfährt man, was Steine zu erzählen haben!

TIPP: Steinverliebte Kids werden auch die Mineralogische Sammlung in der Wilhelmstraße 56 zu schätzen wissen. Minerale, Erze, Edelsteine und sogar Meteoriten warten auf kleine Bewunderer (Mi 15–17 Uhr).

Adresse auf dem Geologischen Lehrpfad im Kirnbachtal, 72074 Tübingen-Bebenhausen; Koordinaten: 48°33'11.9"N 9°04'28.5"E // **ÖPNV** Bus 826, 828, Haltestelle Bebenhausen Waldhorn, von dort ca. 15 Minuten Fußweg // **Anfahrt** L1208 bis Wanderparkplatz Kirnbachtal, dann zu Fuß der Beschilderung folgen // **Öffnungszeiten** immer zugänglich // ab 5 Jahre

91_DIE KINDER- UND JUGENDFARM

Achtung, elternfreie Zone!

Manchmal brauchen Kinder eine Auszeit von ihren Eltern. »Yes!« Man hört und spürt regelrecht die Erleichterung und das Gefühl der Freiheit, wenn die Kids erfahren, dass hier wirklich ein Ort ohne Eltern ist. Einfach kommen, ohne Anmeldung oder Mitgliedsbeitrag. Das Kind entscheidet selbst, ob es hier sein und was es tun will. Es gibt kein von Erwachsenen ausgearbeitetes Programm, sondern unzählige Möglichkeiten, die sich durch das vorhandene Material, die Tiere und die Räumlichkeiten der Kinder- und Jugendfarm ergeben: klettern, bauen, Holz bearbeiten, Feuer machen, in der Werkstatt mit richtigen Werkzeugen arbeiten, die Ställe der Hühner, Kaninchen und Meerschweinchen ausmisten, die Tiere füttern, Tischkicker spielen, kreativ sein, backen oder kochen, an einer Hütte bauen oder einfach mal nichts tun. Selbstverständlich werden die Kinder bei neuen Tätigkeiten von Pädagogen angeleitet, aber immer mit dem Ziel, diese dann selbstständig auszuführen.

Einmal im Monat findet eine offene Teamsitzung statt, in der alle Belange gemeinsam besprochen werden und wirklich jede Stimme Gehör findet – egal, ob sie von einem Erstklässler oder einem 60-jährigen Ehrenamtlichen stammt.

Noch ein kleiner Hinweis an die Eltern: Es besteht die Gefahr, sich unglaublich dreckig zu machen. Das Matschloch macht bei Regen seinem Namen alle Ehre. Wie herrlich!

Adresse Saibenstraße 10, 72072 Tübingen-Derendingen, www.kijufa-tuebingen.de // ÖPNV Bus 5, 16, Haltestelle Derendinger Bahnhof, von dort ca. 4 Minuten Fußweg // Öffnungszeiten offener Farmbetrieb: Mo, Mi, Fr 14–18 Uhr, Sa 12–16 Uhr; Familiencafé an einem So im Monat 14–17 Uhr; Termine siehe Website // für Schulkinder und Jugendliche

TIPP: An der Kinder- und Jugendfarm befindet sich ein Verschenke- und Tauschschrank von und für Kids. Wer etwas möchte, darf es sich einfach nehmen. Wer etwas hineinlegen will, bitte zuerst fragen.

92_DER MINIPUMPTRACK

Wo sich die Kleinen ganz groß fühlen

Jüngere Geschwister haben es manchmal schwer. Oft müssen sie sich dem meist dicht getakteten Programm der Größeren anpassen, und dann heißt es auch noch: Dafür bist du noch zu klein! Das wollen sie definitiv nicht hören. Einen Pumptrack zu meistern trauen sie einem auch nicht zu, selbst wenn man schon ganz toll Fahrrad fahren kann. Oder doch?

Entlang der Steinlachallee auf Höhe des Carlo-Schmid-Gymnasiums gibt es eine Art asphaltierten Minipumptrack, den schon jüngere Kinder mit ihren Bikes und Rollern befahren können. Kleine Wellen sorgen für ein gemäßigtes Auf und Ab. Und wer zu Fuß kommt, kann wunderbar an sich schlangenartig windenden Gummireifen entlanghüpfen.

Ob man das mit dem Pumpen jetzt so ganz richtig macht, ist vollkommen egal. Eigentlich sollte der Antrieb durch Gewichtsverlagerungen und gezielte Zieh- und Drückbewegungen ganz ohne Pedalumdrehung entstehen. So lautet auf jeden Fall die Theorie. Ab und zu wird man schon auch mal pedalieren müssen, um vorwärtszukommen. Aber das juckt die Kleinen nicht, es macht ihnen einfach tierisch Spaß, auf und ab zu fahren.

Nicht weit entfernt liegt der Schildkrötenspieli. Wer entdeckt als Erster die steinerne Schildkröte, die mit bunten Mosaiken verziert ist? Mit Schaukeln, Rutsche und Wippe ist dieser Spielplatz eher für die Kleineren geeignet. Aber die sollen ja auch mal zum Zug kommen. Und dabei hat man immer die Steinlach im Blick. Was will man mehr?

> TIPP: Nanu? Warum ist denn hier ein Knoten in der Straßenschildstange? Mittels eines QR-Codes erfährt man die Geschichte hinter den umstrittenen Straßennamen. Wer findet die Knoten in der Isoldenstraße und Albrechtstraße zuerst?

Adresse hinter dem Carlo-Schmid-Gymnasium direkt an der Steinlach, Primus-Truber-Straße 37, 72072 Tübingen-Derendingen // ÖPNV Bus 3, Haltestelle Memmingerstraße, von dort ca. 5 Minuten Fußweg // Öffnungszeiten immer zugänglich // ab 3 Jahre

93_DAS RADIO WÜSTE WELLE

Mach deine eigene Sendung!

Kinder lieben Hörspiele. Sie können sie sich immer wieder anhören und mit der Zeit jedes Wort mitsprechen. Sich Geschichten auszuspinnen und stundenlang in sie einzutauchen, ist ein Phänomen, das Erwachsenen im Laufe der Zeit leider abhandenkommt.

Für Kinder, die ihre eigenen Storys in ein Hörspiel verwandeln wollen, bietet das Freie Radio Wüste Welle im Tübinger Sudhaus Ferienworkshops an. Mit professioneller Unterstützung werden gemeinsam Geschichten entwickelt, dann steht die Vertonung an. Dazu braucht man natürlich die unterschiedlichsten Geräusche. Stühlerücken, Vogelgezwitscher, alles wird gesammelt. Dann folgt das Einsprechen am Mikrofon, und zum Schluss wird das Ganze noch am PC geschnitten. Schon geht das eigene Hörspiel on air. Und zwar durchaus mit Erfolg – letztes Jahr wurde sogar der erste Platz des Schülermedienpreises von Baden-Württemberg errungen!

Auch wer erste Radiomoderationserfahrungen machen möchte, ist hier am richtigen Platz. Im Workshop »Kids On Air« lernen Kinder zu moderieren, Interviews zu führen, Beiträge zu schneiden, die Studiotechnik zu bedienen und selbst auf Sendung zu gehen.

Dreht das Radio auf 96,6 Megahertz UKW und lauscht der Wüsten Welle, dem einzigen werbefreien Radiosender im Raum Tübingen, Reutlingen und Rottenburg, für das mehr als 120 Mitarbeiter das Programm in ihrer Freizeit gestalten.

Adresse Hechinger Straße 203, 72072 Tübingen-Derendingen, www.wueste-welle.de // **ÖPNV** Bus 3, Haltestelle Fuchsstraße, von dort ca. 3 Minuten Fußweg // **Öffnungszeiten** Mo–Fr 13–16 Uhr; Anfragen zu Workshops per E-Mail an workshops@wueste-welle.de // ab 9 Jahre

TIPP: Für kleine und große Kreative bietet Andrea Gauß in ihrer »Künstlerei« im Sudhaus ein großes Sortiment an Mal- und Zeichenbedarf. Einfach mal reinschauen!

94_DER BAGGERSEE

Pack die Badehose ein

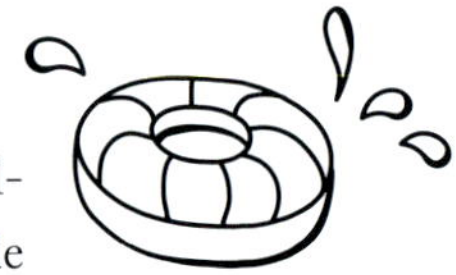

An heißen Sommertagen entscheidet sich, zu welcher Gruppe man gehört: zur Fraktion Freibad, die niemals auch nur einen Fuß in trübes dunkles Wasser setzen würde, oder zur Fraktion Baggersee, die Chlorwasser verabscheut und natürlichen Badespaß bevorzugt.

Für Letztere ist der Epplesee in Hirschau die nächstliegende Adresse. Er hat eine ausgezeichnete Wasserqualität, sorgt für erfrischende Abkühlung bei sommerlichen Temperaturen, ist kostenlos und immer zugänglich. Rund um das Ufer gibt es unterschiedlich große Liegewiesen und kleine Einstiegsbuchten. Auf Luftmatratzen und SUP-Boards lässt sich der ganze See gemütlich erkunden. Planschen und schwimmen mit Blick auf die »droben stehende« Wurmlinger Kapelle. Eine kleine Insel mit Bäumen, deren Äste tief über der Wasseroberfläche hängen, lockt Kinder zum mutigen Sprung in die Naturwasserwelt.

Bei der Umrundung des Sees stößt man an manchen Stellen auf Menschen, die textilfrei baden und sich sonnen. Bitte einen Blick auf die Hinweisschilder werfen, dann weiß man, wo Baden mit und ohne Bekleidung erlaubt ist.

Richtung Rottenburg liegen noch weitere Baggerseen, die allerdings keine Badegewässer, sondern Naturschutzgebiete sind. Die Bereiche Oberes Steinach sowie Burglehen sind ein wahres Eldorado für die Vogelwelt, ein Brutbiotop vieler seltener Wasservögel wie der Uferschwalbe sowie ein Rastplatz für Zugvögel auf der Durchreise. Kleine Ornithologen sollten auf jeden Fall ihr Fernglas parat haben.

Adresse Rittweg 3, 72070 Tübingen-Hirschau // **ÖPNV** Bus 18, Haltestelle Volksbank Hirschau, von dort ca. 10 Minuten Fußweg // **Öffnungszeiten** immer zugänglich // für Schwimmer

TIPP: Am besten nimmt man das Fahrrad, um den Baggersee zu besuchen. Wer Lust hat, kann auf dem Neckartal-Radweg bis nach Rottenburg radeln.

95_PUSTEFIX

It's bubble time!

Es gibt wenige Dinge, die Kindern immer Spaß machen. Seifenblasen fallen definitiv in diese Kategorie. Der Magie der in allen Farben des Regenbogens schillernden Seifenblasen kann sich kaum jemand entziehen. Wer hätte gedacht, dass sie ihren weltweiten Siegeszug ausgerechnet von einem Tübinger Teilort aus angetreten haben?

Die Rezeptur entwickelte der Chemiker Dr. Rolf Hein 1948. Eigentlich war sie ein Nebenprodukt seiner Waschmittelexperimente, bei denen schöne Seifenblasen entstanden waren. Die Idee war geboren. Eine Seifenblasenflüssigkeit fix und fertig zum Pusten – das ist PUSTEFIX. Die ersten Dosen waren aus Aluminium und mit einem Korken verschlossen, in dem eine ovale Sprungfeder als Blasring steckte. Ein Nachteil des Korkens war allerdings, dass die Flüssigkeit leicht auslief und für manche Pfütze in der Hosentasche sorgte. In den 1960er Jahren wurden Kork und Metall durch Kunststoff ersetzt. Jetzt konnte nichts mehr schiefgehen. Der Teddybär von Heins Kindern wurde zum seifenblasenden gelben Markensymbol.

Mittlerweile sprudeln die Seifenblasen aus Bubble-Ringen, Schwertern, Pipes, Trompeten oder Bubbelgatoren. Es gibt Seifenblasenmaschinen, und mit »My PUSTEFIX« lassen sich die Seifenblasenröhrchen personalisieren. Bei einer Werksführung erfährt man Spannendes über die Herstellung – das streng geheime Rezept wird natürlich nicht verraten –, und auch lustige Kindergeburtstagsfeiern an Seifenblasenspieltischen können vor Ort gebucht werden. Dann ist bubble time angesagt!

TIPP: Nach dem PUSTEFIX-Besuch kann man die Seifenblasenwunder gleich auf dem Spielplatz am Keltengrab ausprobieren und dabei auch noch Spannendes über keltische Grabhügel erfahren.

Adresse Bahnhofstraße 29, 72072 Tübingen-Kilchberg, www.pustefix.de // **ÖPNV** Bus 19, Haltestelle Kilchberg Bahnhof, von dort ca. 2 Minuten Fußweg // **Öffnungszeiten** Shop: Mo–Do 8–12.30 und 13–16.30 Uhr, Fr 8–12 Uhr; Infos zu Kindergeburtstagen siehe Website // ab 5 Jahre, unter 5 Jahren in Begleitung eines Erwachsenen

96_DIE RITTER

Coole Jungs von gestern

Der Vorschlag, eine Kirche zu besuchen, ruft bei den meisten Kids nicht gerade Begeisterungsstürme hervor. Aber es kommt wie immer darauf an, ob man es geschickt einfädelt. Denn in der Martinskirche in Kilchberg stehen vier echt coole Jungs aus Stein, die Ritterfans begeistern werden: die Ritter Georg II., Burkhard sowie Johann und Jakob von Ehingen im kompletten Ritteroutfit. Todschick stehen sie lebensgroß fast auf dem Boden. So hat man das Gefühl, ihnen leibhaftig zu begegnen. »So seh ich aus, so will ich in Erinnerung bleiben« – dafür sorgten die besten Bildhauer ihrer Zeit: Leonhard Baumhauer, Josef Schmid und Christoph Jelin, die auch die Grabdenkmäler für die württembergischen Herzöge in der Stiftskirche in Tübingen gestalteten. Die Crème de la Crème im kleinen Kilchberg!

Prunkvolle Rüstungen, Helme mit toller Helmzier, Langschwerter und Dolche, Schamkapseln, Finger- und Fausthandschuhe, Nieten und Rüsthaken, Löwenköpfe an den Gürtelschnallen sowie eine prunkvolle spanische Halskrause sind detailgetreu ausgeführt. Rüsthaken wurden übrigens ausgeklappt, um Lanzen einzuhaken. Nicht zu übersehen sind die liegenden Löwen zu Füßen der Ritter als Zeichen der Stärke.

Es handelt sich nicht um Grabdenkmale, sondern Epitaphe, also Gedächtnismale. Die Ritter in der Kirche sind selbstverständlich in Gebetshaltung dargestellt, um zu zeigen, dass sie fromme Männer waren, und sie haben seit fast 500 Jahren ihre Poleposition direkt am Altarbereich nicht aufgegeben.

TIPP: Die Ritter wohnten einst gegenüber der Kirche im Schloss Kilchberg. Es ist heute der Wohnsitz der Familie von Tessin und nicht öffentlich zugänglich, aber mit seinem Turm und den Schießscharten wirkt es auch von außen eindrucksvoll.

Adresse Tessinstraße 41, 72072 Tübingen-Kilchberg // ÖPNV Bus 19, Haltestelle Kilchberg Rathaus, von dort ca. 1 Minute Fußweg // Öffnungszeiten Sommerzeit werktags 8–17 Uhr, So 11–19 Uhr, Winterzeit So 11–19 Uhr // ab 5 Jahre

97_DER BEACHPOINT

Stand-up-Paddling im Neckar

Der coole Megatrend wird auch in Tübingen mit Begeisterung praktiziert. Wen wundert's: Das Gefühl, auf dem Wasser zu stehen, ist einfach unbeschreiblich. Sportlich und entspannend zugleich, eine ganz unkomplizierte Art, sich auf Flüssen und Seen fortzubewegen. Verantwortlich dafür sind Surflehrer aus Hawaii, die sich, um einen besseren Überblick zu haben, auf die Surfbretter stellten und so mit Paddeln schnell zu ihren Schützlingen gelangen konnten.

Am Beachpoint in Lustnau gibt es einen Mini-Mini-Strand am Neckarufer, um trockenen Fußes auf sein SUP-Board zu steigen. Jochen Monopoli hat Boards für alle Geschmäcker zur Auswahl: harte SUPs für die Sportfreaks, aufblasbare, leicht zu händelnde und gut zu transportierende SUPs für die Freizeitsportler oder auch SUP-Kajaks, quasi ein Mix aus Stehen und Sitzen, die sich super für Eltern mit Kindern eignen. Und für den absoluten Spaßfaktor sorgen die Family- und Mega-SUPs für bis zu zehn kleine und große Stehpaddler. Da kam auch schon die Challenge auf, wer es schafft, die meisten Liegestühle mit draufzupacken. Sightseeing auf dem Board!

Zu einer perfekten Location für Kindergeburtstage wird das Neckarufer, das, mit Liegestühlen, Tischen und Sonnendach bestückt, alles bietet, was man für eine Party in und am Wasser benötigt.

Landschaftlich besonders reizvoll ist es, vom Beachpoint aus neckarabwärts zu paddeln. Ruhe mit Dschungel-Feeling erwartet einen hier. Die SUPs können übrigens auch für Ausflüge in fremde Gewässer gemietet werden.

TIPP: Einfach romantisch! Besonders viele Schwäne tummeln sich an der Stelle, an der die Ammer in den Neckar mündet. Am Ufer an der Bismarckstraße gibt es ein Überlaufbecken, dort werden sie gefüttert.

Adresse Elisabeth-Käsemann-Straße 9, 72074 Tübingen-Lustnau, www.beachpointneckar.de // ÖPNV Bus 21, 22, Haltestelle Egeriaplatz, von dort ca. 1 Minute Fußweg // Öffnungszeiten täglich 10–18 Uhr (trotzdem bitte anfragen) und nach Vereinbarung über die Website // ab 6 Jahre, nur Schwimmer

98_DER BIOBAUERNHOF BERGHOF

Hier darf geackert werden

Der schönste Straßenname Tübingens »Ob dem Himmelreich« hält, was er verspricht: Hier oben ist jeder von der herrlichen Aussicht verzückt. Wohl auch die Gründer des Berghofs, die damals von modernen Ideen in Sachen Lebensreform inspiriert waren. So verwirklichten sie ab 1919 ihren Lebenstraum: zwei Villen samt Kunstatelier und Gutshof. Noch immer wird hier auf zehn Hektar Landwirtschaft nach Biolandrichtlinien betrieben.

Doch der Berghof bietet weit mehr. Hier wird eine Brücke geschlagen zwischen Landwirtschaft und Pädagogik. Im LernOrt können Gruppen Einblicke in echte Landwirtschaft bekommen und mithelfen, je nachdem, was gerade ansteht. Tiere füttern, ausmisten, Weiden einrichten, Getreide und Gemüse anbauen oder ernten, mit einem handgezogenen Pflug den Ackerboden lockern, Apfelsaft pressen oder Werkzeug reparieren.

Zum pädagogisch betreuten offenen Angebot dürfen mittwochnachmittags alle Schulkinder bis 14 Jahre ohne Anmeldung und kostenlos kommen. Hier lernen sie Achtsamkeit gegenüber der Natur und den Tieren, dürfen kräftig mit anpacken und ein bisschen entschleunigen.

TIPP: Weiter in Richtung Wald biegt links ein kleiner Pfad zu den Bienenvölkern ab, und rechts, im Wald versteckt, laden eine kleine improvisierte Hängebrücke, eine Schaukel sowie eine Matschschlucht zum Spielen, Klettern und Lägerle-Bauen ein.

Der Berghof freut sich auch über spontane Familienbesuche. Mittagsruhe für die Kühe in Mutterkuhhaltung ist von 13 bis 15 Uhr. Samstags gibt es immer mal wieder Eltern-Kind-Mitmachaktionen zum Thema Wolle, Apfel oder Kartoffel. Das Hoffest zu Erntedank oder das gemeinsame Adventskranzbinden an riesigen Tafeln sind besonders schön.

Adresse Ob dem Himmelreich 5, 72074 Tübingen-Lustnau, www.berghof-tuebingen.de // ÖPNV Bus 7, 23, Haltestelle Eichhaldenstraße, von dort ca. 4 Minuten Fußweg // Öffnungszeiten offenes Angebot: Mi 15 – 18 Uhr (Sommerzeit), 15 – 17 Uhr (Winterzeit); Hofladen: Di 10 – 13 und 15 – 18 Uhr, Sa 10 – 13 Uhr; Infos zu Eltern-Kind-Mitmachaktionen siehe Website // für Schulkinder bis 14 Jahre

99_DER BREMER-STADT-MUSIKANTEN-BRUNNEN

Ein Schulbrunnen, der Hoffnung macht

Welche Schule hat schon ihren eigenen Brunnen? Die Dorfackerschule in Lustnau kann sich zu den Glücklichen zählen. Noch dazu handelt es sich hier um einen Märchenbrunnen. Die Bremer Stadtmusikanten – Esel, Hund, Katze und Hahn –, die mutigen Hauptakteure des bekannten Märchens der Brüder Grimm, lassen das Wasser plätschern. Geschaffen wurde der Brunnen 1959 von der Bildhauerin Rosemarie Sack-Dyckerhoff, die 30 Jahre in Lustnau lebte und arbeitete. Sie schenkte den Brunnen den Lustnauer Kindern. Wer genau hinschaut, sieht, dass ihn rote Pflastersteine umgeben. Ein weiteres Geschenk, dieses Mal von Tübingens russischer Partnerstadt Petrosawodsk. Die Bremer Stadtmusikanten zieren sogar das Logo der angrenzenden Grundschule. Die Geschichte soll Kindern Mut machen, ihr Schicksal selbst in die Hand zu nehmen und entschlossen gegen scheinbar Aussichtsloses vorzugehen, nach dem Motto: Gemeinsam schaffen wir es!

Der Brunnen ist aber auch toll zum Spielen. An kühlen Sommertagen lässt es sich dort wunderbar planschen und spritzen, man schöpft hier Wasser für die Sandburg auf dem unmittelbar daneben liegenden Spielplatz, oder man schaut verträumt dem dahinrieselnden Wasser zu und lauscht dabei andächtig dem Märchen der Bremer Stadtmusikanten.

Die Größeren können ja währenddessen auf dem nicht weit entfernten Bolz- und Fußballplatz an der Neuhaldenstraße kicken.

Adresse Ecke Dorfackerstraße/Dieselstraße/Neuhaldenstraße, 72074 Tübingen-Lustnau // ÖPNV Bus 1, Haltestelle Dorfackerschule, von dort ca. 1 Minute Fußweg // Öffnungszeiten immer zugänglich // für jedes Alter

TIPP: Für weiteren Spielgenuss sorgt die lange Seilbahn auf dem Spielplatz Kirchgraben.

100_DIE KINDERWILDNIS

Toben ohne Vorgaben

Spielplätze gibt es viele in Tübingen. Auch besonders schöne. Oft gestaltet nach einem Motto wie »Piratenschiff« oder »Baustelle«, das kommt natürlich gut an. Aber wie sieht es mit der Phantasie der Kinder aus? Brauchen sie immer Vorgaben, um ihr eigenes Spiel zu entwickeln? Oder genügt auch mal ein »Nichts«? Dieses »Nichts« ist ein offenes und großzügig begrüntes Freigelände mit Erhebungen und Senken, herumliegenden Ästen, bei Regen kleinen Wasserpfützen und ein paar Steinen. Viel mehr ist die Kinderwildnis auf den ersten Blick nicht. Auch Kinder fragen sich vielleicht beim ersten Besuch: Was soll ich denn hier machen? Aber dann erschließt sich das Konzept. Erobert die Kinderwildnis am Rande der Alten Weberei, baut Lager, spielt Fangen, lasst euch den Abhang hinunterpurzeln, saut euch mal so richtig ein! Hier werdet ihr nicht weggeschickt, weil die Grünfläche geschont werden muss. Wilde Ecken zum Spielen waren früher normal, heute lässt eine verdichtete Bauweise kaum noch unreglementierte Aktions- und Naturräume für Kinder übrig.

Wer es doch lieber etwas konkreter hat: Auf dem Weg zur Kinderwildnis liegt das Jugendhaus Lustnau mit vielen Angeboten, und auf den Egeria-Wiesen findet man Trampolin, Kickwiese, Basketballkorb, Volleyballfeld und Calisthenics Park. Und die Nürtinger Straße ab dem Egeriaturm eignet sich perfekt für erste Versuche mit dem Fahrrad oder zum Inlineskaten. Also nichts wie hin!

Adresse Nürtinger Straße, 72074 Tübingen-Lustnau; Koordinaten: 48°31'44.9"N 9°05'33.3"E // **ÖPNV** Bus 21, Haltestelle Kusterdinger Straße, von dort 4 Minuten Fußweg entlang der Nürtinger Straße Richtung Kläranlage // **Öffnungszeiten** tagsüber, nach Einbruch der Dunkelheit Betreten verboten // ab 6 Jahre

TIPP: In der Alten Weberei sollte man unbedingt eine kleine Pause im Projekt-Laden-Café »Viertel Vor« einlegen und köstliche Minikuchen oder Crêpes genießen, während die Kids auf dem Spielplatz nebenan gut aufgehoben sind.

101_DER ORDINARY MAN

Wo kommt der denn her?

Mitten auf dem Egeriaplatz stemmt sich ein Riese mit aller Kraft aus dem Boden, durchbricht das kleine Podest und reckt den Kopf nach oben. Die untere Hälfte seines Körpers scheint noch im Untergrund festzustecken. Wo will er hin, wo kommt er her?

Die 2017 enthüllte hyperrealistische Skulptur des mazedonischen Künstlers Zharko Basheski ist ein echter Eyecatcher. Allein schon ihre monumentale Größe von 2,20 Meter Höhe ist beeindruckend. Und das ist ja nur die sichtbare, ausgeführte Hälfte des Mannes. Dieser »Ordinary Man« ist aus Bronze, dem öffentlichen Raum angepasst. Aber es gibt ihn auch aus Polyesterharz, Fiberglas, Silikon und mit echten Haaren. So war er in einer Ausstellung in der Tübinger Kunsthalle zu sehen. Kein idealisierter Superheld, sondern ein »normaler Mensch«, der den Widrigkeiten des Lebens trotzt und sich aus den alltäglichen Zwängen befreit. Schafft er den Ausbruch?

Auch Kindern sticht diese Skulptur ins Auge, sie reizt zum Berühren der glatten und glänzenden Bronze, zum Hochklettern und zum Größenvergleich. Eine Zeit lang trug sie sogar eine Coronamaske.

Auf dem ehemaligen Gelände der Württembergischen Frottierweberei Egeria, deren markanter Turm als Wahrzeichen noch erhalten ist, wurde zwischen 2011 und 2015 das neue Wohnviertel der Alten Weberei errichtet. Wo einst Handtücher und Bademäntel hergestellt wurden, tummeln sich nun viele Familien mit Kindern.

TIPP: Direkt gegenüber dem riesengroßen Ordinary Man bekommt man im Kinder-Secondhandladen »riesenKlein« schicke Klamotten, Spielzeug und Co. Außerdem kann man allerlei für den Enkelbesuch ausleihen, und es gibt einen Ausleih-Service für Pikler Bewegungselemente aus Holz wie Hühnerleiter oder Sprossenbaum.

Adresse direkt vor dem Institut für Kulturaustausch, Egeriaplatz 1, 72074 Tübingen-Lustnau // **ÖPNV** Bus 21, 22, Haltestelle Egeriaplatz, von dort ca. 1 Minute Fußweg // **Öffnungszeiten** immer zugänglich // für jedes Alter

102_DER STADTTEIL-BAUERNHOF

Momo, Molly und das Huhn Agathe

Dass es hier auf dem Herrlesberg, einem Neubaugebiet aus den 1980er Jahren, einen so wunderbaren Ort für Kinder gibt, würde man nicht vermuten. Eine Scheune, ein Hühnerstall und Weidewiesen für Schafe – das reicht, um Kinderherzen höher schlagen zu lassen. Dazu gibt es einen Verein, der Menschen mit Landwirtschaft in Berührung bringen will und sich über die Mitarbeit von Klein und Groß freut. Zwölf Schafe mitsamt Hammel Anton warten darauf, versorgt und gebürstet zu werden. Wenn Julia da ist, die sich liebevoll um »ihre« Schafe kümmert, könnte sogar ein Schafspaziergang drin sein. Sie hat Pia und Lola als Flaschenlämmer großgezogen, da sie von ihrer Mutter nicht angenommen wurden.

Ausgediente Hühner genießen hier ihren Lebensabend. Der Verein »Rettet das Huhn« sammelt und vermittelt Hühner, die nach eineinhalb Jahren hätten geschlachtet werden sollen, weil sie nicht mehr jeden Tag ein Ei legen. Hier fressen sie aus der Hand und können auf den Arm genommen werden.

Man darf aber auch selbst Hand anlegen – auch die Kinder dürfen mit anpacken. Es gibt extra Astscheren für Kinder zum Entbuschen der unteren Weiherhalde. Was für ein Erlebnis, zusammen einen Pflug von Hand zu ziehen und auf einmal viele Kartoffeln im Boden zu entdecken. Da wird die Kartoffelernte zu einer echten Schatzsuche. Auch beim Heuen oder bei der Apfelernte darf man mithelfen. Und der Kindergeburtstag wird mit einem Schafspaziergang oder mit dem Filzen von Schafwolle zu einem ganz besonderen Erlebnis.

TIPP: Nicht weit entfernt Richtung Bitzlehangweg gibt es im Wald eine tolle Schlucht zum Spielen. Im Frühjahr duftet es hier herrlich nach Bärlauch.

Adresse Steinäckerstraße 60 (unterhalb des Hauses Steinäckerstraße 58), 72074 Tübingen-Lustnau, www.stadtteilbauernhof.de // **ÖPNV** Bus 1, Haltestelle Bertha-von-Suttner-Straße, von dort ca. 5 Minuten Fußweg // **Öffnungszeiten** offene Stallzeit: Di und Fr ab 15.30 Uhr; Café Schaf: jeden 2. So im Monat ab 15 Uhr; Infos und weitere Termine siehe Website // ab 4 Jahre, unter 10 Jahren in Begleitung eines Erwachsenen

TÜBINGEN-LUSTNAU

103_DAS WALDSPARKÄSSLE

Einen Schatz zu mehren, nicht zu leeren

Wo gibt es so etwas? Ein echter Schatz ist tief im Wald von Lustnau versteckt und wirklich nicht leicht zu entdecken. Manchmal lockt man seine Kinder mit dem Satz »Vielleicht finden wir ja einen Schatz!« zu einem Spaziergang, wohl wissend, dass dies ein aussichtsloses Unterfangen ist, mit vorprogrammierten Enttäuschungen. Aber dieses Mal können die Eltern ihr Versprechen halten.

Am Berghof vorbei schlägt man den Durchlaufenden Weg ein. Nach etwa 15 Minuten kommt links ein Wildschweinstand. Hat man ihn erspäht, wendet man sich nach rechts in den Wald, und die Suche kann beginnen. Gesucht wird ein ungefähr 4 Meter langer und 1,50 Meter hoher Sandstein. Links ist eine Faust eingemeißelt, rechts eine flache Hand, oben sieht man zwei offene Hände, in die Wanderer Münzen legen. Ist das nicht ein toller Schatz?

Es handelt sich um ein Werk des Steinmetzes Albert Mayr, der ab den 1970er Jahren im ehemaligen Steinbruch Nagel tätig war. Nach Feierabend bearbeitete er Findlinge im Wald. Seine Botschaft? Besser mit offenen Händen als mit geschlossener Faust durch die Welt gehen. Die geöffneten Hände wurden von Vorbeikommenden spontan mit Münzen gefüllt – denn wer sich öffnet, wird reich beschenkt werden. Das hätte Mayr gefallen, denn er war Pazifist und vom Buddhismus inspiriert. Der Beweis: 20 Meter vom Waldsparkässle entfernt meißelte er Verse aus Hermann Hesses »Siddharta« in Stein.

Wichtig: Unbedingt eine Centmünze aus dem eigenen Sparkässle mitbringen!

TIPP: Für kleinere Kinder ist es reizvoll nachzuschauen, welche Tiere sich in den Volieren des Kleintierzüchtervereins Pfrondorf an der Steinbruchstraße 15 tummeln: Kaninchen, Hühner und Enten.

Adresse im Waldgebiet zwischen Lustnau-Neuhalde und Hägnach, 72074 Tübingen-Lustnau; Koordinaten: 48°32'38.1"N 9°04'54.6"E // **ÖPNV** Bus 7, 23, Haltestelle Eichhaldenstraße, über den Berghof zum Durchlaufenden Weg, nach etwa 1 Kilometer auf Höhe des Wildschweinstands links des Weges rechts in den Wald hinein, etwa 100 Meter bergauf, dann rechts halten // **Öffnungszeiten** immer zugänglich // ab 5 Jahre

104_DAS ZEEB-HAUS

Stube, Kammer und Plumpsklo

Im Kelternmuseum in Unterjesingen kann man tief in die Vergangenheit eintauchen. Hier lernt man die bäuerliche Arbeits- und Lebenswelt von anno dazumal kennen. Ein Bauernhaus, eine Weinkelter von 1784 und eine Wagnerwerkstatt geben spannende Einblicke. Wie lebten Bauern ohne Strom und fließendes Wasser? Was machte ein Küfer? Wie wurde aus Trauben leckerer Wein? Die kleine Fledermaus Isi, die häufig in der alten Kelter abhängt, gibt Kindern an einzelnen Stationen dazu Erklärungen.

Eindrücklich ist ein Blick in das Zeeb-Haus aus dem 17. Jahrhundert, in dem einst zwei Bauernfamilien lebten. Man sieht die gute Stube mit angrenzender Schlafkammer. Riesige Federbetten bedecken das Bett, und ein Schrank ist gefüllt mit der Aussteuer. Daneben die verrußte Küche mit einem Holzherd und einem Schüttstein. Da floss schmutziges Wasser durch ein Loch in der Außenwand in den darunter liegenden Misthaufen. Und was hat es mit dem abgeschlossenen Hungerschrank auf sich, für den nur die Bauersfrau einen Schlüssel hatte? Am Ende des Ganges dann ein weiteres Kinder-Highlight: Öffnet man eine schmale Tür, sieht man das Mariele auf dem Plumpsklo sitzen!

Anschließend sollte man die alte Kelter nebenan mit Gerätschaften und Werkzeugen besichtigen, um zu erfahren, was eine Windfege macht und warum Hopfensäcke so riesig sind.

Am 1. Mai ist jedes Jahr große Saisoneröffnung, und am ersten Sonntag im Oktober Saisonabschluss. Da gibt es dann tolle Aktionen für die ganze Familie.

TIPP: Mit regionalen Produkten wie Mehl, TÜKorn-Nudeln und Ratzeputz-Kindermüsli kann man sich im Mühlenlädle der Familie Kienzlen eindecken. Und bevor die Rückfahrt mit dem Zug nach Tübingen angetreten wird, dürfen die Kinder auf dem Wasserspielplatz im Sandäcker kräftig pumpen.

Adresse Kelternmuseum, Kirchhalde 10, 72070 Tübingen-Unterjesingen, www.kelternmuseum-unterjesingen.de // ÖPNV Regionalbahn 63, Haltestelle Unterjesingen Mitte, von dort ca. 6 Minuten Fußweg // Öffnungszeiten Mai–Okt. jeden 1. So im Monat 14–18 Uhr und nach Vereinbarung; Führungen auf Anfrage per E-Mail an info@kelternmuseum-unterjesingen.de // ab 6 Jahre

105_DIE HOBBYWERKSTATT

Das Wünsch-ich-mir-Fenster

Nichts gegen Lego und Playmobil. Damit kann wunderbar gebaut und gespielt werden. Aber gegen den Duft, die Haptik und die Langlebigkeit von hochwertigem Holzspielzeug ziehen sie schlichtweg den

Kürzeren. Auch der Hobbywerker kann sich seiner Holzleidenschaft nicht entziehen und widmet sich seit vielen Jahren immer wieder neuen Projekten in seiner kleinen Werkstatt: vom einfachen Kreisel über Bumerangs bis hin zu aufwendigen Flugzeugen, Puppenhäusern oder Schaukelpferden. Unter seinen Händen nehmen Ideen konkrete Gestalt an. Da werden Pläne gezeichnet, da wird gesägt, gebohrt, geraspelt, gefeilt und das Holz mit Olivenöl und ein paar Tropfen Zitronenöl eingelassen.

Seine Spezialität sind übrigens »Porschetraktoren« mit Zahnstangenlenkung und Achsschenkelschwenkachse, ausgestellt im Fenster seiner Werkstatt. Deswegen begegnet man in Waldhausen immer wieder kleinen Kindern, die sich an der Scheibe die Nase platt drücken. Es darf aber auch an die Tür geklopft werden. Meist ist er ab 18 Uhr in seiner Werkstatt anzutreffen. Auch altes Holzspielzeug wird hier fachmännisch repariert.

Waldhausen ist mit seinen drei Bauernhöfen immer einen Spaziergang mit kleinen Kindern wert. Hier können Kühe und kleine Kälbchen, Pferde und Kätzchen mitten in Tübingen hautnah bestaunt werden. Da werden die Kleinen inspiriert fürs anschließende Bauernhofspielen zu Hause. Zudem ist alles so schön eben, dass man wunderbar den Kinderwagen schieben sowie Lauf- und Fahrrad fahren kann.

Adresse Holzspielzeug-Hobbywerkstatt, Waldhausen 4, 72076 Tübingen-Waldhausen // ÖPNV Bus 2, 3, 4, 5, Haltestelle Ulmenweg, von dort ca. 4 Minuten Fußweg // Öffnungszeiten täglich meist 18–19 Uhr // für jedes Alter

TIPP: An der Milchtankstelle des Bauernhofs Bechtle lässt sich frische Kuhmilch zapfen, und am Freitag gibt's im Bauernladen frisch gebackenes Brot.

106_DER SCHEUNENFUND

Bananensattel und Fuchsschwanz

Eine Radtour den Rammert entlang von Derendingen über Weilheim nach Kilchberg ist während der Obstblüte im Frühjahr, wenn die Streuobstwiesen sich von ihrer prächtigsten Seite zeigen, am schönsten. Geschnitzte Exemplare von Luchs und Wildkatze am Weg markieren die Bedeutung des Rammert als Wildwechselort zwischen Schwarzwald und Schwäbischer Alb.

cool

Es lohnt ein Abstecher in das private Fahrradmuseum Scheunenfund. Die rund 60 historischen Fahrräder des Sammlers Michael Faiss befinden sich in einer denkmalgeschützten Scheune, die sich in eine 112 Meter lange Scheunenfront einreiht, die nach einem Brand 1850 neu errichtet wurde.

Das älteste Fahrrad der Marke Badenia stammt aus dem Jahr 1910, das jüngste ist ein »Palmer«-Fahrrad von 2006. Für Kids gibt es tolle Bikes auch zum Aufsitzen. Wie wäre es mit einem Ritt auf dem Reitrad »Cavallo« mit Wippantrieb von Hercules? Da hat der ganze Körper mit Ziehen und Drücken ganz schön was zu tun. Oder mit einem orangefarbenen Bonanzarad, dem heiß begehrten Kinder- und Jugendtraum der 1970er Jahre? Damit schwappte das Easy-Rider-Feeling aus Kalifornien nach Europa. Hirschgeweihlenker, eine Schaltkonsole auf dem Mittelrohr gleich einem Autoschalthebel, ein Bananensattel mit Sissybar und baumelndem Fuchsschwanz, da konnte das Freiheitsgefühl auf der Tret-Harley Fahrt aufnehmen.

Auf Kinder wartet auch ein Museumsquiz, bei dem sie die Fahrräder auf eigene Faust im Detail kennenlernen können.

TIPP: Bei einem Päuschen im Biergarten des Schützenhauses in Weilheim kann man leckere griechische Gerichte genießen. Und wer möchte, kann noch einen Blick auf den Weilheimer Menhir am Herrenweg werfen.

Adresse Wilonstraße 118, 72072 Tübingen-Weilheim, www.scheunenfund.wordpress.com // **ÖPNV** Bus 19, Haltestelle Rathaus Weilheim, von dort ca. 2 Minuten Fußweg // **Öffnungszeiten** April – Nov., Terminabsprachen unter Tel. 07071/791441 oder per E-Mail an faissm6@gmail.com // ab 5 Jahre

107_DIE SCHOKO-WERKSTATT

Kleine Chocolatiers am Werk

Klar kann man sich mit quadratischer, praktischer und guter Schokolade von Ritter Sport eindecken. Von pur, knusprig, fruchtig, cremig und nussig bis hin zu Schokolade »ohne Muh« ist für jedes Schleckermäulchen etwas dabei. Aber seine Lieblingsschokolade selbst zu kreieren, das ist ein besonderes Erlebnis. Kinder lieben das. Schokomasse mit Mini-Marshmallows, Schokolinsen, Zuckerstreusel oder Knallbrause vermengen – und schon entsteht ein einmaliges Geschmackserlebnis.

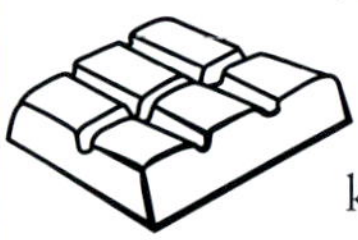

In der SchokoWerkstatt erfahren Kinder, wie aus Kakaobohnen durch Rösten, Schälen, Brechen, Mahlen, Mischen, Feinwalzen und Conchieren Schokolade entsteht. Und dass man eigentlich nur drei Zutaten benötigt: Kakaobohnen, Milchpulver und Zucker. Dann geht es ans eigene Werk. Nachdem die Schokomasse und die Zutaten ausgewählt sind, wird fleißig gerührt, die Eigenkreation in die Form gefüllt und von Luftbläschen freigeklopft, und dann geht es ab in die Kühlung. Währenddessen kann die Schokoladenverpackung phantasievoll gestaltet werden. Glücklich strahlende kleine Chocolatiers knabbern schließlich stolz an ihren Werken.

Wer noch die SchokoAusstellung besucht, erfährt, warum die Tafeln hier quadratisch sind, und kann einen Blick hinter die Kulissen der firmeneigenen Kakaoplantage El Cacao in Nicaragua werfen. Dabei geht vermutlich niemand am Samplomat vorbei, ohne ein kostenloses kleines Mini-Täfelchen zu naschen.

Übrigens: Im Museum Ritter nebenan können sich Kinder im kimuri-Kunstatelier kreativ ausleben.

TIPP: Danach macht eine Toberunde auf dem Kletter- und Bewegungsspielplatz in Waldenbuch-Glashütte Spaß. Wer noch länger Zeit hat, sollte sich unbedingt auch das spannende Museum der Alltagskultur im Schloss Waldenbuch anschauen.

Adresse Alfred-Ritter-Straße 27, 71111 Waldenbuch, www.ritter-sport.com/de/erleben // ÖPNV Bus 826, 828, Haltestelle Waldenbuch Schloss, von dort ca. 8 Minuten Fußweg // Öffnungszeiten SchokoShop: Mo–Fr 9–18.30 Uhr, Sa 9–18 Uhr, So 11–18 Uhr; SchokoAusstellung: Mo–Sa 9.30–18 Uhr, So 11–18 Uhr; SchokoWerkstatt buchbar unter www.schokowerkstatt.ritter-sport.de // ab 4 Jahre mit Begleitung, ab 7 Jahre ohne Begleitung eines Erwachsenen

108_ DIE FALKNEREI GARUDA

Baldur auf dem Handschuh

Voller Mut geht es in die Schneeeulen-Voliere. Bijou und Baldur warten auf ihre Mäuse. Habt ihr das gehört? Gerade erklingt der Hochzeitston, was so viel bedeutet wie: Ich hab dich lieb. Bijou brütet nämlich ein Ei aus. Aber es gibt noch viele andere Töne wie den Unterhaltungs-, den Alarm- oder den Bettelton. Später landet die winzige, ohne ihre Federohren nur circa 20 Zentimeter große Weißgesichtseule Bruce auf einem Handschuh. Wie weich ihr Federkleid ist! Sind ihre Ohren auf Halbmast, ist die Welt für sie in Ordnung. Der Gerfalke Taifun, übrigens die größte Falkenart, wird von Falknerin Vanessa Müller im Federspiel trainiert. Zur Kunst der Falknerei gehört, dass der Falkner dem Tier immer wieder seine Freiheit schenkt, es aber aus freien Stücken zu ihm zurückkehrt. Die Falknerei – das Abrichten von und die Jagd mit Greifvögeln – hat eine jahrtausendealte Tradition und zählt zum Immateriellen Kulturerbe der UNESCO.

Bei Flugvorführungen, Falkner-Erlebnisstunden und Kindergeburtstagen erhält man spannende Informationen über Weißkopfseeadler, Milchuhus, Harris Hawks, Wander- und Luggerfalken und Co. Vor allem die hautnahe Erfahrung, wenn die Tiere durch Rufen auf dem eigenen Handschuh Platz nehmen, ist ein einmaliges Erlebnis.

Und im Kinder-Falknerparcours kann der Nachwuchs erproben, ob er als Falkner geeignet wäre. Alles mit Bravour bestanden? Dann gibt es den Kinderfalknerschein.

Adresse Lauhwiesenstrasse 49, 71093 Weil im Schönbuch, www.garuda-falknerei.de // **Anfahrt** über L1208 und B464 nach Weil im Schönbuch, die Hauptstraße entlangfahren, links in Seesteige einbiegen, dann über Seewiesenstraße, Seetal und Roßhaldeweg bis zur Lauwiesenstraße // **Öffnungszeiten** Tag der offenen Tür am 1. Mai ab 10 Uhr, keine regelmäßigen Besuchszeiten, nur mit Voranmeldung unter Tel. 0176/81039536 oder per E-Mail an info@garuda-falknerei.de // ab Kindergartenalter

TIPP: Wer jetzt eine wahre Vogelleidenschaft entwickelt hat, kann diese auf dem direkt an der Falknerei Garuda startenden, 5,3 Kilometer langen Greifvogel-Erlebnispfad vertiefen.

109_DER KAMELHOF

Trampeltierkarawane im Anmarsch

Kamel, Dromedar oder Trampeltier – wie war das noch mal? Das Dromedar hat einen Höcker. Das Trampeltier hat zwei Höcker. Und das Kamel? Ja, das Kamel kann einen oder zwei, aber auch gar keinen Höcker haben. Alles klar?

Claudia Fröhlich nennt mittlerweile sieben Trampeltiere ihr Eigen. Kinder dürfen diese bürsten und helfen ihnen damit beim Fellwechsel. Für Opa Balu mit seinen stolzen 28 Jahren ist dies sichtlich ein Genuss. Ganz ruhig liegt er da, mit hängender Unterlippe, ein klares Signal für tiefe Entspannung. Während des Bürstens lauschen die Kinder den Erklärungen von Claudia. Faszinierend, dass die Tiere zwei Wochen lang ohne Wasser und Nahrung auskommen und dann innerhalb von zehn Minuten eine 120-Liter-Badewanne leeren können. Und dass die Höcker keine Wasser-, sondern Fettspeicher sind. Und dass eine Kamelsohle 80 Grad Celsius Hitze aushält.

Lustig ist es, wie sie ihr Essen wiederkäuen. Eine kleine Welle setzt sich in Bewegung, und schwuppdiwupp haben sie ihr Frühstück hochgeholt und kauen es zu Brei, dann wird es wieder runtergeschluckt, und dann kommt wieder die Welle. So geht das ein paar Mal. Das Highlight ist natürlich, auf der Koppel eine Runde auf dem Rücken eines Trampeltiers zu drehen. Hinauf geht es mit einer Leiter, um die Gelenke der Tiere zu schonen. Zum Schluss stupst Zabo seine Nase in Sophias Gesicht. Huch! Ein kleines Trampeltier-Hallo.

Adresse Waldenbucher Straße 99, 71093 Weil im Schönbuch, www.kamele-weil-im-schoenbuch.de // Anfahrt über L1208 und B464 nach Weil im Schönbuch, dann auf der Waldenbucher Straße bis zum Wanderparkplatz Segelbachbecken (kostenlos), von dort ca. 11 Minuten Fußweg, immer den Kamelschildern folgen // Öffnungszeiten nur mit Voranmeldung unter Tel. 0177/2722781 oder per E-Mail an info@kamele-weil-im-schoenbuch.de; von außen über Zaun jederzeit // Angebote mit Kamelen ab 4 Jahre, mit Eseln ab 6 Jahre, mit Lamas ab 10 Jahre

TIPP: Auf dem Rückweg nach Tübingen lässt sich noch eine Runde Abenteuergolf in Weil im Schönbuch einlegen (www.golfwelten-schönbuch.de).

110_DIE OASEWEIL

Schlummern im Baumhaus

Warum nicht mal eine kleine Auszeit nehmen und sein eigenes Bett gegen eines hoch oben in den Baumwipfeln tauschen? In der OaseWeil warten Flaschengeist, Windhexe, Burggespenst, Wipfelträumer, Wetterfee, Zeitgeist, Klabautermann und Lichtelfe auf kleine und große Übernachtungsgäste. Jedes der acht märchenhaften Baumhäuser hat sein eigenes Thema und ist mit allem Komfort ausgestattet. Hier können kleine Elfen und Geister ihre Abenteuergeschichten selbst erleben. Unvergesslich wird sich diese Nacht ins Gedächtnis der Kleinen einprägen.

Hier muss ein Holzsteg überquert, dort eine steile Leiter erklommen werden, um in die Schlafkojen zu fallen. Hier ein kleines Fensterchen, dort ein windschiefes Dach, hier ein Beobachtungsposten mit Palisadenzaun und dort ein Hexentürmchen. Liebevolle Details wie Hexenbesen und Rabe runden das Ganze ab. Alles ist bunt bemalt, und an jeder Ecke gibt es was zu entdecken. Die Kinder werden denken: Das Häuschen der kleinen Hexe Lisbet existiert also wirklich. Haben sie doch schon immer gewusst!

2018 hat der Unternehmer Hans-Martin Schempp dieses Baumhaushotel in herrlicher Lage am Schönbuchrand eröffnet. Zuvor gehörte das 18 Hektar große Anwesen Rolf Deyhle, bekannt als Hollywood-Blockbuster-Produzent und Musical-König. Schon die Römer schätzten den Ort und errichteten hier eine Villa Rustica.

Aber auch ohne märchenhaftes Schlummern zwischen hohen Baumwipfeln wird ein Spaziergang um das Baumhaushotel die Phantasie der Kids noch lange beflügeln.

TIPP: Früher trieben Bauern ihr Vieh auf Futtersuche in den Wald. Wer eine solche historische Waldnutzungsform in Augenschein nehmen will, besucht die Neuweiler Viehweide. Im Sommer grasen Pferde und Ziegen auf der Waldweide.

Adresse Baumhaushotel OaseWeil, Waldenbucher Straße 151, 71093 Weil im Schönbuch, www.oaseweil.de // Anfahrt über L1208 und B464 nach Weil im Schönbuch, dann auf der Waldenbucher Straße bis zum Wanderparkplatz Segelbachbecken, dort der Beschilderung folgen // Öffnungszeiten von außen immer zugänglich, Buchungen siehe Website // für jedes Alter

111_DER ROTWILD-ERLEBNISPFAD

Der Hirsch ist nicht der Mann vom Reh

Um es gleich vorwegzunehmen: Die Frau vom Hirsch heißt Hirschkuh, und die Frau vom Rehbock heißt Ricke oder Geiß. Da kann man schon mal durcheinanderkommen. Das passiert allerdings nicht mehr, wenn man den Rotwilderlebnispfad im Naturpark Schönbuch erkundet hat.

Auf einem kinderwagentauglichen, barrierefreien, 1,2 Kilometer langen Rundweg mit verschiedenen Stationen geht es entlang eines Rotwildschaugeheges. Ein Blick auf den König des Waldes – den Hirsch – ist somit garantiert. Ihre Kids werden von dieser Begegnung begeistert sein, und sie erfahren hier noch viel mehr über das Rotwild, zum Beispiel, dass es das größte Säugetier in unseren Gefilden ist.

Auch spielerisch können sich Kinder dem Thema nähern. Wer springt so weit wie ein Hase? Und schafft jemand sogar einen echten Hirschsprung? Wie hört sich ein röhrender Hirsch an? Während der Brunftzeit werden die Tiere nämlich zu ziemlichen Angebern. Gott sei Dank dürfen sie dann im Winter ihr großes Geweih wieder abwerfen und können sich entspannen. Denn auf die Dauer kann das ganz schön schwer werden!

Wer jetzt inspiriert ist und am liebsten Tierforscher werden will, dem sei das Damwildschaugehege ein paar hundert Meter weiter empfohlen. Das Damwild stammt ursprünglich aus Asien und wurde von adeligen Herrschern zum Jagen in Europa eingeführt. Wenn man Glück hat, sieht man sogar ganz weiße Exemplare. Damwild hat übrigens schöne weiße Pünktchen auf dem Fell.

Adresse Naturpark Schönbuch, 71093 Weil im Schönbuch; Koordinaten: 48°36'00.9"N 9°03'18.3"E // Anfahrt über L1208 und B464 bis zum Parkplatz Weißer Stein (kostenfrei), von dort 5 Minuten Fußweg // Öffnungszeiten immer zugänglich; barrierefrei // für jedes Alter

TIPP: Nicht weit entfernt liegt der Waldgasthof Weiler Hütte und lockt mit Schnitzel und Pommes.

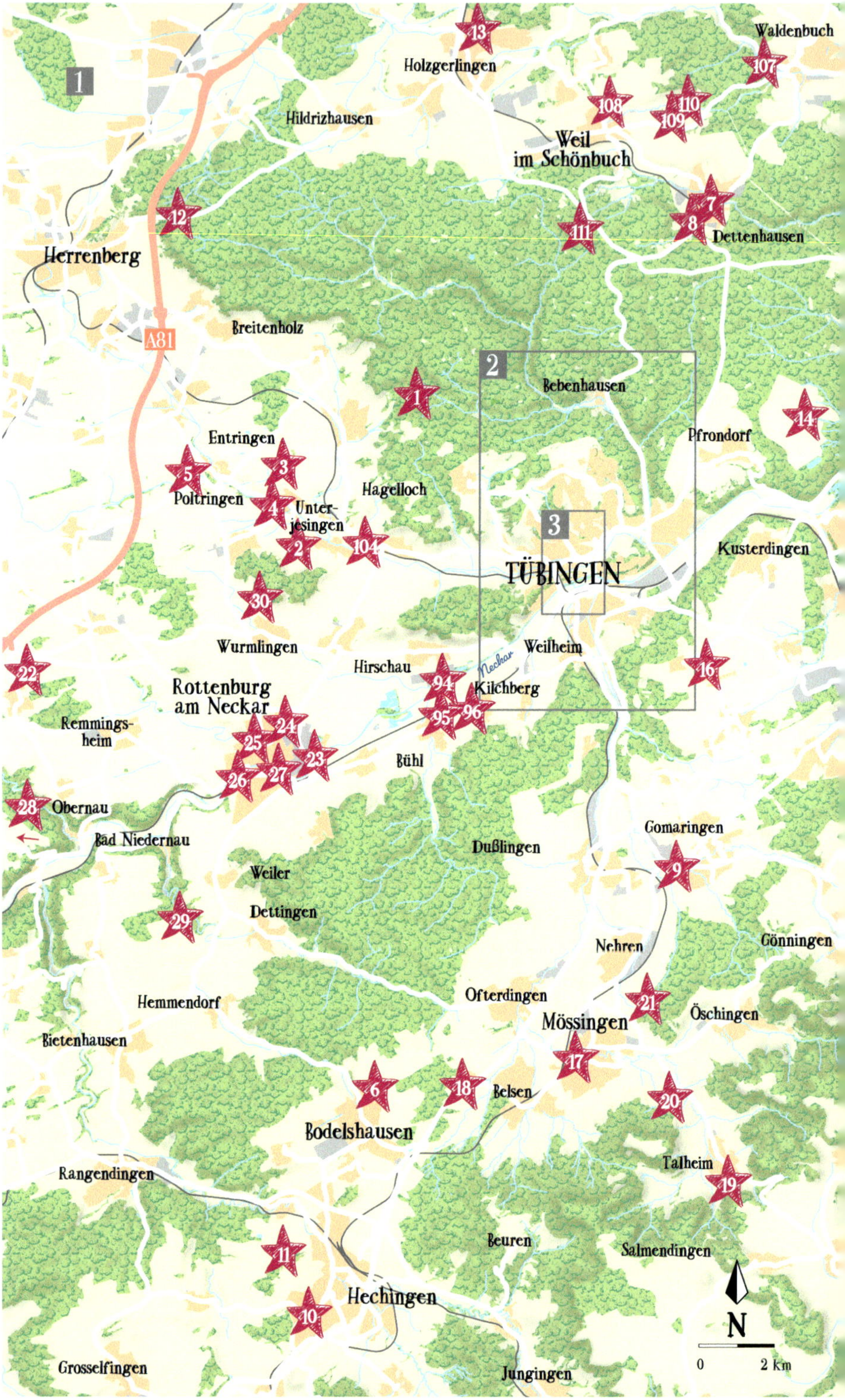
1
Holzgerlingen
Waldenbuch
Hildrizhausen
Weil
im Schönbuch
Herrenberg
Dettenhausen
A81
Breitenholz
2
Bebenhausen
Pfrondorf
Entringen
Poltringen
Hagelloch
Unter-
jesingen
3
Kusterdingen
TÜBINGEN
Wurmlingen
Weilheim
Neckar
Hirschau
Kilchberg
Rottenburg
am Neckar
Remmings-
heim
Bühl
Obernau
Bad Niedernau
Gomaringen
Dußlingen
Weiler
Dettingen
Nehren
Gönningen
Ofterdingen
Hemmendorf
Mössingen
Öschingen
Bietenhausen
Belsen
Bodelshausen
Talheim
Rangendingen
Beuren
Salmendingen
Hechingen
N
Grosselfingen
Jungingen
0
2 km
1
2
3
4
5
6
7
8
9
10
11
12
13
14
16
17
18
19
20
21
22
23
24
25
26
27
28
29
30
94
95
96
104
107
108
109
110
111

2
88
89
Bebenhausen
90
57
Waldhausen
105
Waldhäuser-Ost
103
53
40
42
35
Bebenhäuser Str.
37
Nordring
Wanne
76
Schnarrenbergstr.
84
98
74
Lustnau
102
70
82
99
100
3
101
97
61
34
65
Stuttgarter Str.
Neckar
Weststadt
TÜBINGEN
36
39
79
44
68
83
31
48
50
Stuttgarter Str.
64
Europastr.
67
85
Feuerhägle
78
15
Neckar
92
91
63
Derendingen
Hechinger Str.
93
Weilheim
Kilchberg
106
N
0
500 m

3
80
Wilhelmstr.
Schnarrenbergstr.
Gmelinstr.
52
66
87
Hölderlinstr.
Rümelinstr.
38
Wilhelmstr.
Kelternstr.
Schmiedtorstr.
Am Stadtgraben
56
32
72
Lange Gasse
71
45
60
73
47
59
Mühl-
str.
TÜBINGEN
Am
Markt
Holz-
markt
41
55
33
Gartenstr.
Neckarhalde
62
77
Neckar
Friedrichstr.
43
51
54
46
Europastr.
Reutlinger Str.
49
Hegelstr.
Christophstr.
Schellingstr.
Steinlachallee
Eugenstr.
75
69
N
86
0
125 m
58
81

Meike Spanner, Stephan Hollich
111 Orte für Kinder in Ostfriesland, die man gesehen haben muss
ISBN 978-3-7408-1095-5

Sina Beerwald
111 Orte für Kinder auf Sylt, die man gesehen haben muss
ISBN 978-3-7408-0840-2

Katja Josteit
111 Orte für Kinder in Kiel, die man gesehen haben muss
ISBN 978-3-7408-0641-5

Alexandra Schlennstedt, Jost Schlennstedt
111 Orte für Kinder in und um Lübeck, die man gesehen haben muss
ISBN 978-3-7408-0845-7

Daniela Clément
111 Orte für Kinder in Hamburg, die man gesehen haben muss
ISBN 978-3-7408-1519-6

Isa Grütering, Natascha Korol, Theresia Koch
111 Orte für Kinder in Berlin, die man gesehen haben muss
ISBN 978-3-7408-1546-2

Janine Eck, Kristina Offermann
111 Orte für Kinder in Potsdam und Brandenburg, die man gesehen haben muss
ISBN 978-3-7408-0977-5

Cornelia Kuhnert, Günter Krüger
111 Orte für Kinder in und um Hannover, die man gesehen haben muss
ISBN 978-3-7408-1293-5

Anna Sophie Pietsch
111 Orte für Kinder im Ruhrgebiet, die man gesehen haben muss
ISBN 978-3-7408-1603-2

Martin Berke, Nina Fandler
111 Orte für Kinder in und um Düsseldorf, die man gesehen haben muss
ISBN 978-3-7408-0972-0

Christina Bacher,
Norbert Breidenstein
111 Orte für Kinder in Köln, die man gesehen haben muss
ISBN 978-3-7408-1776-3

Diana-Isabel Scheffen,
Andrea Tuschka,
Sarah Larissa Heuser
111 Orte für Kinder in und um Bonn, die man gesehen haben muss
ISBN 978-3-7408-1300-0

Julia Tzschätzsch
111 Orte für Kinder in Frankfurt, die man gesehen haben muss
ISBN 978-3-7408-0686-6

Charlotte Mohs
111 Orte für Kinder in Mainz, die man gesehen haben muss
ISBN 978-3-7408-0665-1

Julia Schönborn
111 Orte für Kinder in Heidelberg, die man gesehen haben muss
ISBN 978-3-7408-0989-8

Marion Demme-Zech
111 Orte für Kinder im Saarland, die man gesehen haben muss
ISBN 978-3-7408-1205-8

Muriel Brunswig
111 Orte für Kinder im Schwarzwald, die man gesehen haben muss
ISBN 978-3-7408-1268-3

Franziska Lô
111 Orte für Kinder in und um Stuttgart, die man gesehen haben muss
ISBN 978-3-7408-1542-4

Nadine Luck
111 Orte für Kinder
in und um Bamberg, die man
gesehen haben muss
SBN 978-3-7408-1075-7

Anke Landleiter
111 Orte für Kinder
in Nürnberg, die man
gesehen haben muss
ISBN 978-3-7408-0852-5

Florian Kinast
111 Orte für Kinder
in München, die man
gesehen haben muss
ISBN 978-3-7408-1737-4

Veronika Wengert
111 Orte für Kinder
in und um Augsburg, die man
gesehen haben muss
ISBN 978-3-7408-1079-5

Priska Lachmann
111 Orte für Kinder
in Leipzig, die man
gesehen haben muss
ISBN 978-3-7408-1392-5

Jenny Menzel
111 Orte für Kinder
in Dresden, die man
gesehen haben muss
ISBN 978-3-7408-0837-2

Bernadette Németh
111 Orte für Kinder
in Wien, die man
gesehen haben muss
ISBN 978-3-7408-1390-1

Anja Fischer
111 Orte für Kinder
in Salzburg, die man
gesehen haben muss
ISBN 978-3-7408-1080-1

Judith Mazzilli
111 Orte für Kinder
in und um Linz, die man
gesehen haben muss
ISBN 978-3-7408-1176-1

DANK

Und zum Schluss ein riesiges Dankeschön an alle, die mich das letzte Jahr über mit so großem Elan, inspirierenden Ideen, Tipps und Kidspower unterstützt haben.

Da wären an vorderster Front meine Nichte Jenny nebst Carsten mit ihren wunderbaren Kindern Sophia und Vincent zu nennen, die sich aus dem großen München extra auf nach Tübingen machten und zweimal eine ganze Ferienwoche lang mit mir unermüdlich auf Entdeckungstour und Fotosafari gingen. Sowie Katja mit ihren grandiosen Jungs Bennet, Fion und Bo, die jederzeit spontan bereit für Fotosessions jedweder Couleur waren. Eine WhatsApp genügte, und schon waren sie lustig und motiviert an Ort und Stelle. Und natürlich danke ich allen anderen Kids, die ich bei meinen Touren kennenlernen durfte.

Danke auch allen Kindern, die sich mittlerweile großteils bereits in Richtung Jugendliche bewegen, mit denen ich in den letzten Jahren in verschiedenen Projekten des Stadtmuseums ganz Tübingen mit Kinderaugen erkunden und kennenlernen durfte. Durch euch bin ich überhaupt erst auf die Idee gekommen, diese phantastischen Kinderorte in und um Tübingen in einem Buch zusammenzufassen. Und danke an alle, die mich so freundlich empfangen und mit so viel Background zu den einzigartigen Kinderorten versorgt haben.

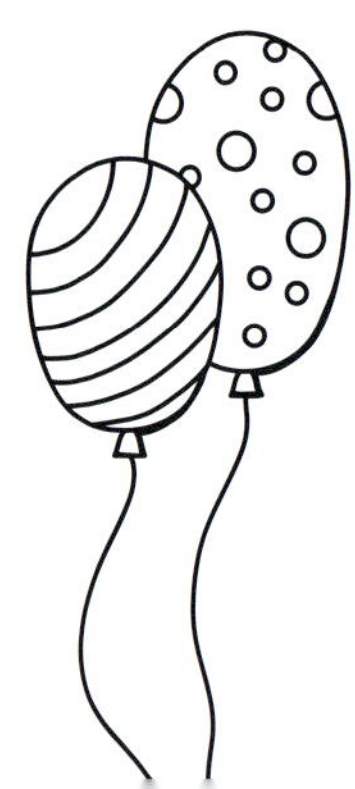

Und was wäre ich ohne meine Familie! Danke Theresa, Philipp, Stephan und Mama für eure riesige Geduld, wenn sich irgendwann alles nur noch um ISO, Blende und Co. drehte, Ausflüge und Spaziergänge nur lohnten, wenn irgendwo auch noch ganz am Rande ein Kinderort raussprang und meine Gedanken ständig um ein Thema kreisten – na, um welches wohl? Ihr habt immer an mich geglaubt und mich motiviert! Ihr seid die Besten. Und special thanks an Stephan, der sich unermüdlich tapfer durch all meine Texte und Fotos gekämpft und mich auf den vielen Streifzügen begleitet hat.

Christiane Kisling-Schwan studierte Kunstgeschichte, Klassische Archäologie und Empirische Kulturwissenschaften in Tübingen und freut sich über jedes neue Mini-Abenteuer vor ihrer Haustür. Als Museums-, Kloster-, Schloss-, Stadt- und Reiseführerin ist ihr Interesse riesig an neuen spannenden Orten und Objekten.